**H. Vast**
DOCTEUR ÈS-LETTRES
EXAMINATEUR A L'ÉCOLE SPÉCIALE MILITAIRE

**G. Malleterre**
CAPITAINE BREVETÉ
PROFESSEUR A L'ÉCOLE SPÉCIALE MILITAIRE


# ATLAS HISTORIQUE



## FORMATION des États Européens

Conforme aux Programmes de l'Enseignement
Secondaire, Classique et Moderne

Paris
LIBRAIRIE CH. DELAGRAVE
15, rue Soufflot, 15

# SOMMAIRE DES CARTES



Dessins de MM. Légaud et Tropé. — Typographie Charaire.

# INTRODUCTION

## HISTOIRE ET GÉOGRAPHIE

La croissance prospère des familles humaines dépend principalement du climat et de la constitution géologique du sol sur lesquels ces familles sont fixées. Leurs conditions d'existence et, par conséquent, leur progrès social et moral résultent, en effet, de ces deux causes.

Le climat, qui est la conséquence de la latitude, de l'altitude, du voisinage de la mer ou des montagnes, du régime des eaux et des vents, exerce une influence prépondérante sur les aptitudes morales et physiques de l'homme.

Avec la constitution géologique du sol, varient les ressources dont il dispose pour sa subsistance, son habitation, son vêtement, ses armes et ses outils.

Depuis les temps les plus reculés, les déserts de l'Afrique et de l'Asie ont retenu dans une immobilité persistante de coutumes et de traditions les peuples pasteurs qui les parcourent, tandis que la variété des productions a sollicité d'une façon constante l'activité intellectuelle des populations, qui vivent dans les régions tempérées, proches de la mer, et arrosées par des eaux au cours régulier.

L'esprit de recherche et de découverte, se développant chez elles, les a entraînées à l'exploitation toujours plus intense des ressources du sol; les progrès des sciences appliquées à l'agriculture et à l'industrie ont amélioré le bien-être, modifié les coutumes et provoqué des transformations continues dans leur état social

Les premiers foyers de la civilisation européenne se sont abrités dans les gracieuses vallées de l'ancienne Grèce, sous un ciel lumineux, près d'une mer ordinairement clémente. Depuis cette époque, le sol s'est appauvri et le climat a changé, mais l'un et l'autre offraient alors les conditions les plus favorables au développement des facultés humaines; aussi, le génie de cette belle race hellénique, si naturellement affinée d'ailleurs, acquit une ampleur et atteignit une élévation, qui n'ont plus été égalées.

Lorsque les murs de la cité devenaient trop étroits pour une population surabondante, des essaims en sortaient et allaient fonder, sur d'autres rivages, des colonies nouvelles. Ils y portaient les mœurs et les traditions de la mère-patrie, étendant ainsi, sinon la puissance politique de la métropole, du moins son influence morale. De proche en proche, ces colonies ont successivement bordé les côtes de la Méditerranée; puis, remontant les vallées, elles ont peu à peu attaqué la barbarie des peuples primitifs de l'Europe.

La conquête romaine fut ensuite un puissant agent de cette civilisation et c'est elle qui permit au christianisme de pénétrer plus tard au sein des forêts où nos sauvages ancêtres rendaient à leurs dieux un culte sanglant.

Cependant, de grandes migrations d'hommes, débordant des régions centrales de l'Asie, entraînées par des remous dont l'histoire est inconnue, inondaient les terres continentales de l'Europe. Leurs tribus, longtemps incapables de trouver leur équilibre, se pressaient les unes les autres, s'arrêtaient, par moments, dans les clairières des forêts montagneuses; chassées ensuite par de nouveaux venus, elles reprenaient leur marche et allaient réclamer, sur les rives ensoleillées de la mer intérieure, leur part de chaleur et de vive lumière.

Après de longues agitations et suivant la fortune des guerres, se sont alors constitués en Europe les premiers groupements politiques, basés sur la communauté d'origine et sur le péril commun.

Les peuples les plus riches et les plus puissants imposèrent leur domination à leurs voisins plus faibles; mais, dans l'énervement de la vie facile, ils perdirent parfois leur vigueur et le souci de leur indépendance, tandis que d'autres, restés plus pauvres et plus rudes, plus âpres aussi, étaient prêts à prendre la place des races amollies qui ne savaient pas défendre leurs terres. De là, les luttes, les guerres, les invasions et les conquêtes, les vicissitudes et l'instabilité des sociétés et des États.

Telle est l'histoire des premiers temps de toute civilisation. Cette histoire s'est sans cesse répétée dans la suite des âges, et jusqu'à l'époque contemporaine. Les plus forts asservissent les plus faibles. Mais, par une sorte d'action réflexe, on voit aussi les plus habiles, les plus industrieux, les plus persévérants surtout, se substituer, soit par de lentes infiltrations, soit par des secousses brusques, aux incapables, aux inactifs, et aux dégénérés ; le conquérant brutal est dominé, à son tour, par le génie de la race vaincue ; le Franc s'efface devant le Gallo-Romain. C'est la revanche de l'intelligence sur la force matérielle.

Ainsi se manifeste, dans l'ensemble des faits, la Loi d'équilibre, qui préside aux destinées des nations comme aux phénomènes naturels.

Le groupement des populations, la formation des nationalités, ont été tantôt favorisés, tantôt entravés par les circonstances géographiques.

Les **frontières naturelles**, entre lesquelles les peuples naissants se sont cantonnés, ont été la garantie de leur indépendance; c'est grâce à leur protection qu'ils ont pu grandir. Ces frontières n'ont jamais été impunément brisées, soit par un ennemi extérieur, soit par une extension anormale de la nation elle-même. Les grands Empires n'ont, en effet, réussi à se fonder que sur des pays bien soudés entre eux, où la terre et la race s'accordaient dans un ensemble harmonieux et homogène. Les États qui ont englobé des pays sans affinités naturelles n'ont eu qu'une existence difficile et une durée éphémère.

Il serait dangereux cependant de fermer les frontières aux contacts extérieurs; l'échange des idées est indispensable à l'hygiène morale d'une nation autant que l'échange des produits importe à ses intérêts matériels.

Un peuple qui se maintiendrait dans l'isolement, soit par méfiance des idées étrangères, soit par inertie morale, serait fatalement condamné au dépérissement.

Comme les individus, les peuples ont besoin d'air et de mouvement; il leur faut échapper aux étreintes de la terre natale et aux influences atrophiantes de l'immobilité qui aboutit au particularisme local.

Aujourd'hui, comme aux temps anciens, les frontières des États sont trop resserrées pour des populations trop nombreuses et sans cesse avides de plus de bien-être. Les expéditions lointaines, les aventures de colonisation sont devenues les facteurs indispensables de l'existence des nations riches. Elles donnent un aliment aux intelligences sans emploi, aux forces inoccupées, et, d'autre part, elles répandent, dans le monde, le génie de la race et sa civilisation.

Par l'effort qu'elle provoque, l'expansion extérieure entretient l'énergie et la virilité d'un peuple; le sacrifice, parfois nécessaire, d'une génération pour la mise en valeur des terres nouvelles, loin d'affaiblir la souche-mère, en accroît, au contraire, la vigueur.

L'étude de ces mouvements de populations, des bouleversements des États, des évolutions économiques et politiques qui en sont l'origine ou la conséquence, fait l'objet de l'**Histoire**.

Si l'Histoire se bornait à l'exposé des faits, elle ne présenterait qu'une énumération sèche des événements, sans aucune portée philosophique et sans aucune leçon pour l'avenir. — Son devoir est autre. — L'Histoire expose, puis explique; elle commente et enseigne; elle veut connaître l'enchaînement logique des effets et des causes.

Elle doit donc commencer ses recherches par l'étude du milieu dans lequel la vie des peuples s'est développée, car, la plupart du temps, les passions humaines ne sont que la résultante des influences extérieures.

Manquant de cette base, les études historiques sont faussées ou incertaines.

**La Géographie est le fondement indispensable de l'Histoire.**

L'Histoire et la Géographie se complètent mutuellement. Séparées l'une de l'autre, elles sont frappées de stérilité; leur union est, au contraire, toujours féconde.

C'est dans cette pensée que MM. Vast et Malleterre ont rédigé l'**Atlas historique**, à la première page duquel, en témoignage d'affectueuse solidarité, un géographe est heureux d'écrire son nom.

Général Niox.

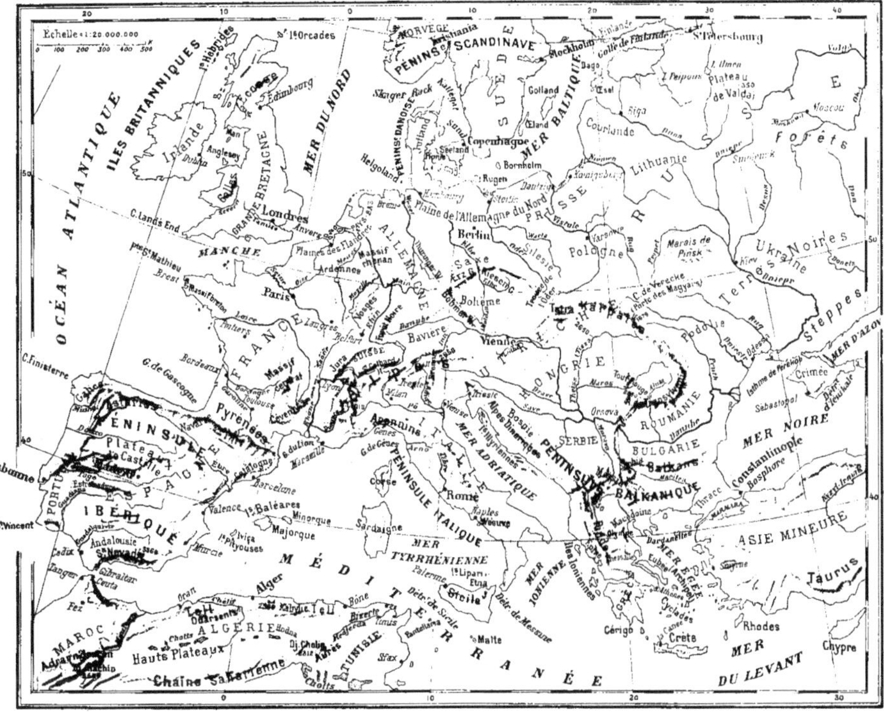


## Aspect d'ensemble.

L'Europe est la *plus petite des Parties du monde.*

Sa *superficie* est un peu supérieure à 10 millions de kilomètres carrés, environ le tiers de l'Afrique, le quart de l'Asie. Sur cet espace, relativement restreint, se presse la population la plus dense et la plus intelligente de la Terre.

La configuration physique et la situation géographique de l Europe expliquent la densité de ses habitants et le développement de sa civilisation.

1° Le **relief du sol**, qui est souvent un obstacle aux communications, ne présente pas en Europe les barrières formidables et isolantes des massifs asiatiques et des déserts africains. Même dans les parties les plus élevées et les plus ardues des Alpes, de nombreuses dépressions ouvrent des chemins fréquentés en toutes saisons.

2° Les **vallées** des **fleuves**, qui sont les voies naturelles de communication, des *« chemins qui marchent »*, sont orientées dans toutes les directions, du sud au nord et de l'est à l'ouest, et communiquent toutes entre elles. Elles sont de plus relativement courtes, par suite de l'étendue restreinte du continent européen. En outre, le régime des pluies étant des plus constants, le débit des cours d'eau est assuré pendant toute l'année, surtout dans l'Europe occidentale. Toutes ces conditions réunies ont facilité les relations intérieures des peuples.

3° Les **côtes**, très variées, bien creusées de golfes et de baies, baignées par des mers navigables, offrent aux États européens des sorties toujours certaines pour l'excédent des richesses et des populations.

4° Le **climat** de l'Europe appartient à la *zone tempérée*. A latitude égale, la moyenne de température est plus élevée que dans les autres parties du monde. Ainsi Naples, qui n'a pas d'hiver, est à la latitude de New-York et de Pé-King, où le froid est rigoureux. Des pluies fréquentes et bien réglées, une grande égalité de température, sont les traits principaux du climat de l'Europe. Aussi tous les produits indispensables à la vie humaine y trouvent un champ inépuisable. Et sous la double influence d'un air salubre et d'une alimentation fortifiante, les races européennes ont grandi physiquement et moralement, laissant bien en arrière les vieilles races-mères de l'Asie.

Telle est la physionomie d'ensemble de l'Europe.

L'absence de trop hautes montagnes et de grands déserts, les facilités de la navigation, la proximité des mers, la disposition favorable des rivages, l'arrangement naturel et la fertilité du sol, la douceur du climat, ont fait de l'Europe une terre privilégiée où l'homme devait acquérir le complet épanouissement de ses facultés.

Mais, si harmonieuse et si bien soudée dans sa personnalité géographique que paraisse l'Europe, elle a cela de particulier qu'elle est très variée et qu'elle présente des aspects fort différents dans la contexture de détail. Si les Européens ont des caractères communs de race et de vie générales, les peuples et les États se sont constitués avec des traits de dissemblance très accusés, surtout au point de vue des mœurs et de l'esprit social. Cela tient à ce que le relief, très simple d'apparence, et, comme il a été dit plus haut, permettant les relations internationales par un certain nombre de grands chemins toujours praticables, a déterminé pourtant sur le continent européen des milieux bien distincts, des **régions naturelles**, ayant leurs régimes particuliers de vie individuelle et collective, et où l'influence du sol a été caractéristique sur les peuples qui s'y sont fixés.

## Le relief du sol.

Les montagnes européennes paraissent à première vue former une longue chaîne centrale de faîtes élevés, courant du nord-est au sud-ouest, et que les anciennes cartes représentaient sous forme d'une longue *épine dorsale*. En réalité, elles se divisent en plusieurs groupes séparés, de formations géologiques et d'aspect différents. Mais il n'en est pas moins vrai que l'Europe est partagée en deux grands versants, le versant nord ou de l'Océan, le versant sud ou de la Méditerranée.

On a appelé ces deux versants : l'**Europe océanique** et l'**Europe méditerranéenne.** D'un côté, sont les peuples de l'Europe méridionale, dont la civilisation a été influencée par la douceur d'un climat tiède et par le contact avec le monde oriental, de l'autre, sont les hommes du Nord, restés plus rudes sous un climat plus dur.

Ceci est un trait général. Il en est un autre plus accentué. Si l'on considère l'Europe dans ses dimensions, la carte montre qu'elle s'effile vers l'Océan en partant de l'Asie, et que les peuples européens, les plus anciennement civilisés, sont concentrés pour la plupart dans la partie la plus étroite et la plus resserrée entre les mers.

Une ligne, marquée par la Vistule et le Dniester, divise l'Europe en deux grandes régions : l'Europe continentale et l'Europe péninsulaire.

On a donné le nom d'*isthme slave* à la région très plate et marécageuse, qui forme la zone de séparation, entre la mer Baltique et la mer Noire, et qui paraît avoir été couverte par les eaux aux temps préhistoriques.

L'**Europe continentale**, zone de rattachement et de transition avec l'énorme Asie, est une immense plaine uniforme, à peine ondulée par un dos de terrain central, exposée aux vents des mers glaciales et des déserts asiatiques, que n'arrête aucune barrière de montagnes, et qui rendent le climat plus rigoureux que le climat moyen de l'Europe. Le peuple russe, qui l'occupe, a un caractère de passivité morale par lequel il se rapproche des peuples asiatiques, et qui contraste avec l'activité des peuples occidentaux, mais les affinités d'origine, le contact voulu de la politique des Tsars avec l'Europe péninsulaire, ont fait de la Russie une puissance européenne.

L'**Europe péninsulaire** forme un ensemble de contrées accidentées et fertiles, aux côtes profondément échancrées. C'est la véritable Europe, telle que nous l'avons définie dans ses traits généraux.

C'est sur son sol que se sont formés, dans le particularisme des régions naturelles qu'on y distingue, les peuples et les nationalités européennes actuelles.

## Régions naturelles.

Les **Alpes**, masse principale des montagnes européennes, prolongées à l'est par les **Karpathes**, à l'ouest par les **Pyrénées**, déterminent la séparation naturelle entre les États du Nord et du Midi.

Au nord, c'est l'**Europe centrale** (Allemagne, Autriche et Danemark), à laquelle se rattachent l'**Europe occidentale** (France et Grande-Bretagne) et l'**Europe septentrionale** (Péninsule scandinave).

Au sud, c'est l'**Europe méridionale** ou **méditerranéenne**, dont la division en Europe du sud-ouest (Péninsules ibérique et italique), et en Europe du sud-est (Péninsule des Balkans, Hongrie), correspond aux deux bassins de la Méditerranée.

Les Grandes Alpes forment bien des limites de races. Les peuples germaniques, qui les ont souvent passées, n'ont pu se fixer sur le versant méditerranéen. Les quelques essaims, qui y sont restés, se sont complètement transformés sous l'influence du sol et du climat.

Les milieux de formation de l'Europe centrale sont : **l'Allemagne du Sud**, **l'Allemagne occidentale et centrale**, **l'Allemagne du Nord**, la **Péninsule et îles Danoises** et les **Pays-Bas.**

**L'Allemagne du Sud**, vallée supérieure du Danube et glacis septentrional des Grandes Alpes, verdoyante et tempérée, a nourri un population gaie et affable, aimant le plaisir et les arts.

**L'Allemagne occidentale et centrale**, au sol pittoresque, salubre et fertile, au sous-sol riche de minerais, mais dont le relief enchevêtré et confus a produit un particularisme local très tenace, a eu une histoire très compliquée. La prospérité intellectuelle et commerciale des villes et des États a résisté pourtant aux déchirements politiques et aux guerres nombreuses qui ont désolé le pays.

**L'Allemagne du Nord**, grandes plaines alluvionnaires, tristes, brumeuses, dures à travailler, lentes à produire, a élevé un peuple rude et patient, fort et avide, maître aujourd'hui de toute l'Allemagne, dont il a constitué violemment l'unité.

**La Péninsule et les îles Danoises**, plaines et îles froides, ont une population maritime qui a conservé son individualité.

Les **Pays-Bas**, région gagnée sur la mer, sont la continuation des plaines de l'Allemagne du Nord. Ils sont reliés à l'Allemagne centrale par le Rhin, et habités par un peuple d'origine germanique, mais d'esprit indépendant, qui s'est désintéressé des affaires continentales pour sauvegarder son empire colonial.

L'Europe occidentale comprend : la **Grande-Bretagne** et la **Région française.**

**La Grande Bretagne**, bloc de houille et de fer isolé du continent, a fourni à un peuple industrieux et actif, croisement heureux des races germaniques et celtiques, toutes les meilleures conditions d'un développement maritime et commercial extraordinaire.

**La Région française**, ancienne Gaule, à laquelle se rattachent géographiquement la Belgique et la rive gauche du Rhin, bien encadrée de montagnes, qui ne l'isolent pourtant pas de l'Europe, ayant double façade sur l'Océan et la Méditerranée, au sol varié, partout fertile et productif, devait être une région particulièrement avantagée pour jouer un rôle prépondérant dans l'Europe et dans le Monde.

L'Europe septentrionale, ou **Péninsule scandinave**, se rattache à l'Europe centrale par ses côtes méridionales. Son sol ingrat, son climat sévère ne se prêtaient pas au développement d'un grand État, mais la race est forte et a tenu sa place dans la formation historique des États européens.

Au sud des Alpes, l'Europe méditerranéenne a plus d'homogénéité que l'Europe océanique. La Méditerranée, avec son climat égal et la brièveté des traversées, a relié historiquement et commercialement les pays qu'elle baigne.

**La Péninsule ibérique**, massive, mal équilibrée, hérissée d'âpres montagnes et de plateaux arides, fertile sur les côtes et dans les vallées intérieures, a vu croître un peuple fier et ardent, rempli du sentiment de son indépendance ; à l'époque de son apogée, il a dominé l'Europe et conquis le Nouveau Monde.

**La Péninsule italique**, nettement divisée par les Apennins en deux régions, le **Bassin du Pô**, plaine fertile, et l'**Italie péninsulaire**, au sol tourmenté et pauvre, berceau du peuple romain, occupe dans la Méditerranée une situation maritime avantageuse, mais sa longueur disproportionnée et les difficultés de communication ont longtemps arrêté la fusion des peuples italiens.

**La Péninsule balkanique** est morcelée par un enchevêtrement de montagnes dénudées et tourmentées, qui isolent les peuples dans d'étroites vallées ne communiquant que par un carrefour central, le *Plateau de Mœsie*, difficile et stérile. Aucune partie de cette région n'est assez grande ni assez riche par elle-même pour permettre à un peuple d'y devenir un centre d'attraction, un noyau d'État. Lieu de passage entre l'Europe et l'Asie occidentale, elle a toujours été la proie de conquérants successifs.

La petite **Péninsule grecque**, aux côtes singulièrement fouillées, où a fleuri la première civilisation de l'Europe, est aujourd'hui déchue.

**La Roumanie**, qu'on rattache parfois à la Péninsule balkanique, est une région bien à part. Les populations roumaines, qui se glorifient de descendre des légions romaines, et qui ont lutté de longs siècles contre les invasions turques, hongroises et russes, ont le sentiment de leur nationalité et forment un État jeune, aspirant à jouer un rôle important dans l'Europe sud-orientale.

**La Hongrie**, bassin moyen du Danube, fait partie politiquement de l'Europe centrale, mais elle en est bien distincte comme sol et comme race. Les Magyars, d'origine touranienne, gardent au milieu des peuples européens une physionomie et des aspirations à part. Le sol est riche, mais la population est jalouse de son individualité et dure aux peuples voisins, sur lesquels sa suprématie s'est établie; elle constitue un élément de trouble et d'inquiétude dans cette région de liaison entre le monde occidental et le monde oriental.

Il ressort de ces considérations générales que la formation et le développement des peuples européens ont varié suivant la nature du pays où ils ont vécu, et que leur histoire a ses racines profondes dans le sol qu'ils occupent.

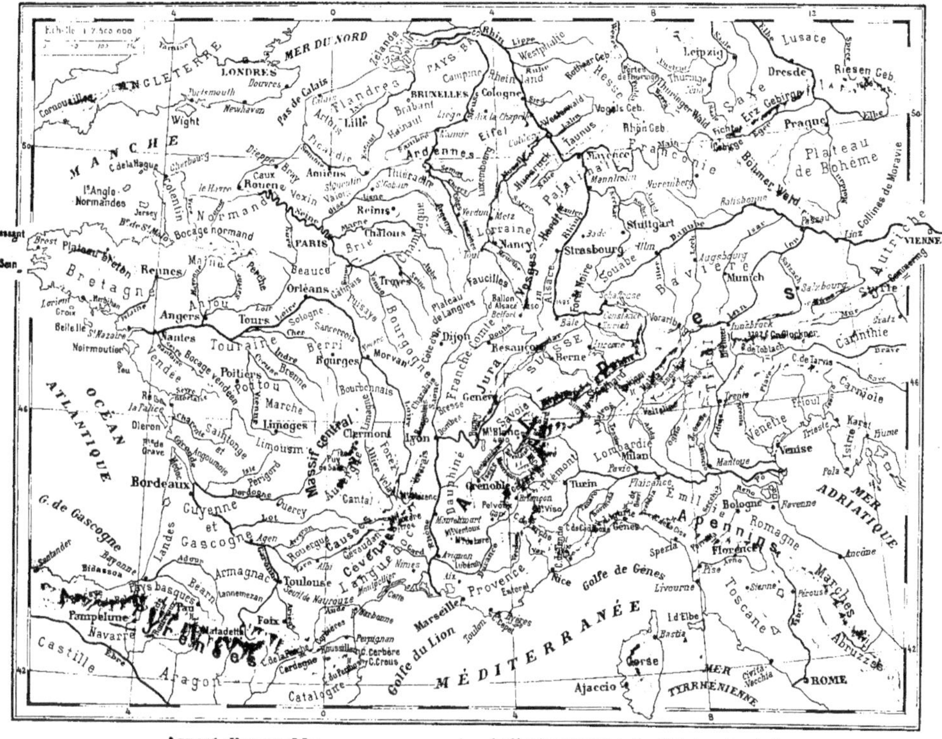


## Aspect d'ensemble.

Placée à l'occident de l'Europe, ayant des ports ouverts sur la mer du Nord, sur l'océan Atlantique, et sur la mer Méditerranée, la France est avantageusement située pour prendre part : au commerce maritime de l'Amérique, par le Havre, Saint-Nazaire et Bordeaux; de l'Afrique, par Bordeaux et par Marseille; de l'Asie, par Marseille.

Elle se rattache au continent par une large zone. Ses frontières continentales ont un développement aussi grand que celui de ses frontières maritimes.

La France se trouve à égale distance du Pôle et de l'Équateur, c'est-à-dire dans la région moyenne et la plus tempérée de l'hémisphère boréal; aussi ne souffre-t-elle ni des excès du froid ni de ceux de la chaleur. Son sol, fertile autant que varié, produit les céréales, les plantes textiles, la vigne, les fruits de toute espèce, et possède du minerai abondant.

## Relief du sol

Le sol de la France présente, tout d'abord, à peu près vers le centre, une grande masse montagneuse. C'est le **Massif central**, qui comprend la chaîne des **Cévennes** et les chaînes volcaniques de **l'Auvergne** et du **Limousin**, et se prolonge, au nord, par le **Morvan**, au sud, par les plateaux calcaires et stériles des **Causses**, à l'ouest, par les escarpements du **Poitou**.

A l'extrémité nord-ouest de la France, une deuxième masse, le **Massif breton** ou **plateau breton**, beaucoup moins élevée que le Massif central, surplombe l'Atlantique de falaises rocheuses, déchiquetées par une mer tourmentée.

Le Massif central et le Massif breton, formés de terrains granitiques, ont un sol pauvre, surtout propre aux pâturages, mais les vallées sont belles et fertiles.

Autour de ces deux massifs, se creusent trois grands bassins :

Le **bassin de Paris** (ou de la Seine); le **bassin du Sud-ouest** (ou de la Garonne); le **bassin du Sud-est** (ou du Rhône). Ce dernier se divise en deux étages : 1° **le bassin de la Saône et du Rhône moyen**, dont le centre est Lyon; 2° celui du **Rhône inférieur**, dont le centre est Avignon, et qu'on peut appeler encore **bassin méditerranéen**.

Ces bassins sont les grandes régions agricoles, où se sont développées l'histoire et la richesse du pays; leur fertilité est due aux limons déposés par les eaux et à l'arrosement régulier par les rivières, descendant de leurs ceintures montagneuses.

Cinq régions montagneuses enveloppent les deux massifs et les trois bassins, qui constituent le sol de la France. Ce sont : les **Ardennes**, les **Vosges**, le **Jura**, les **Alpes** et les **Pyrénées**.

A ces grandes divisions géologiques correspondent autant de **régions naturelles**, différentes par le sol, le climat, les cultures et les mœurs, présentant pourtant des caractères communs qui ont facilité la réunion sous une même unité politique. Les régions frontières sont devenues les frontières militaires.

Ces grandes régions elles-mêmes se divisent en un grand nombre de petits pays, dont les noms, Brie, Beauce, Caux, Bray, Sologne, Armagnac, etc., sont encore usités. Ils caractérisent en effet des productions et des coutumes locales, un développement particulier. Ce particularisme du sol est très tenace, il remonte aux anciens cantons gaulois et aux terres féodales, dont le groupement naturel en grands domaines seigneuriaux forma les *provinces*.

### Influence du sol sur la formation historique de la France.

Cette courte description suffit à expliquer la formation historique de la France et son rôle dans l'Europe.

Les cinq **régions montagneuses**, particulièrement le Jura, les Alpes et les Pyrénées, qui sont de véritables frontières naturelles, ont formé, autour de la **Région française** comme une sorte d'enceinte protectrice, qui a permis à ses peuples de conserver leur individualité et de constituer leur unité politique.

Elles laissent pourtant des brèches, surtout au nord et à l'est, par lesquelles les invasions ont pu pénétrer dans l'intérieur du pays :

**Les plaines basses des Flandres,** prolongement des plaines de la Frise et de l'Allemagne du Nord, entre la mer du Nord et les Ardennes;

**Les trouées de l'Oise et de la Sarre,** correspondantes aux grands passages du Rhin, Cologne, Coblenz, Mayence, par les vallées de la Meuse et de la Moselle, entre les Ardennes et le Hunsrück ;

**La trouée de Belfort,** entre les Vosges et le Jura ;

**Le défilé du Rhône,** à Genève.

A l'est de ces quatre brèches, et à courte distance, le **Rhin** forme un large fossé, qui fut la frontière entre l'ancienne Gaule et la Germanie.

Par suite des vicissitudes politiques, le Rhin a cessé de constituer la frontière orientale de la France. Ce grand fleuve n'en reste pas moins la limite qui sépare deux grandes régions naturelles : la Région française et la Région allemande.

Pendant de longs siècles, la politique de nos rois prit pour objectif l'extension du territoire français jusqu'au Rhin. La frontière politique actuelle de la France, vers le nord-est, est tout à fait artificielle.

La Belgique a été constituée en 1815, sous la pression de la Prusse et de l'Autriche, en un État indépendant avec la Hollande, pour prévenir de nouvelles tentatives de la France vers le Rhin. Séparée de la Hollande depuis 1830 et neutralisée, elle se rattache par la langue à la France, tandis que les populations du plateau rhénan (Prusse rhénane, Luxembourg, Palatinat) sont plutôt germaniques de race et de langue.

C'est par les plaines basses des Flandres et par la trouée de la Sarre, que les *Francs*, établis sur la rive gauche du Rhin, envahirent la Gaule; leur premier royaume fut constitué dans le bassin de Paris.

La trouée de Belfort fut la grande route des invasions venant de l'est et du nord de l'Europe. Par là, les barbares tournaient les Grandes Alpes, descendaient la vallée du Rhône, et pouvaient envahir l'Italie par le bassin méditerranéen. Mais, en débouchant par Belfort ou par Genève dans la fourche du Rhône et de la Saône, les envahisseurs rencontraient devant eux l'obstacle du Massif central, qui, tombant à pic sur le Rhône et la Saône, forme une grande masse difficilement pénétrable.

Il faut en faire le tour, et la nature a ménagé trois passages, qui établissent la communication entre les trois bassins du nord, du sud-ouest et du sud-est, tout en leur laissant une large indépendance de vie, de production, et de mœurs.

Ces trois passages sont : les **seuils** de **Langres, de Poitiers** et de **Naurouze.**

C'est par Langres que les légions *romaines* ont pénétré dans la Grande Gaule du nord, que les *Burgondes*, plus tard *Bourguignons*, arrêtés dans le bassin de la Saône, se sont heurtés aux Francs, établis dans le bassin de Paris.

C'est à Poitiers que *Charles Martel* brisa l'invasion sarrasine.

Il y eut un moment dans l'histoire de France, où, les passages de Poitiers et de Langres étant barrés par les Anglais et par les Bourguignons, la constitution de l'unité française faillit avorter par suite de la séparation absolue des trois grands bassins[1].

1. *Nier.*

On voit, par conséquent, qu'il était difficile aux envahisseurs, pénétrant par l'est ou le midi, de s'établir à la fois dans les trois bassins, et que chaque bassin pouvait constituer de lui-même le domaine d'un peuple et un État particulier.

Mais le bassin de Paris, le plus large et le plus riche des trois, était aussi le plus favorable au développement d'une nation. Or les Francs, qui l'occupèrent sans peine en venant des pays d'outre-Rhin, étaient une race forte et énergique, qui s'assimila rapidement les *Gallo-Romains.*

Conquérants et ambitieux, les premiers rois des Francs ne tardèrent pas à s'apercevoir que les passages de Poitiers et de Langres s'ouvraient sur d'autres riches terres. Et c'est ainsi que peu à peu, par la force des choses, leurs successeurs, les rois de France opérèrent le rassemblement du sol français.

Ce ne fut pas sans résistance, car ces deux régions du sud et de l'est avaient des mœurs, un langage même, différents de ceux de la France du nord.

Le bassin géologique du sud-ouest, d'abord royaume des *Wisigoths*, devint, sous le nom d'**Aquitaine,** un pays autonome. Toujours convoitée par les hommes du Nord, qui l'envahirent souvent et la ravagèrent, l'Aquitaine resta longtemps hostile à l'influence franque. Pendant les longues années de la domination anglaise, la région de la Garonne fut presque complètement séparée du reste de la France. Mais, enfermé entre les murailles du Massif central et des Pyrénées, séparé de la mer par une zone stérile de landes et de dunes et une côte inhospitalière, ce pays n'avait aucune puissance de rayonnement et devait subir la loi du peuple plus fort, qui grandissait au nord de la Loire.

Le bassin de la Saône, où s'était formé le duché de **Bourgogne,** était également resserré entre le Jura, les Vosges, et le Massif central; si prospère qu'il fût par les richesses de son sol, il était trop près de Paris pour échapper à sa suprématie.

Le bassin du Rhône, fermé à l'est et à l'ouest, ouvert au sud sur la Méditerranée, gardait l'empreinte de l'influence romaine, qui en avait fait une des plus belles provinces de l'Empire. La **Provence** était privilégiée par son climat, par la beauté de ses rivages; sa population, plus latine que gauloise, a encore un type, des mœurs, une langue à part. Mais elle n'était pas assez forte pour rester indépendante devant la puissance grandissante du royaume de France, et elle était séparée par les Alpes de l'Italie. La réunion de la Provence assurait à la France les débouchés méditerranéens, et elle s'accomplit sans effusion de sang.

Dès que les trois grandes régions de plaines furent réunies sous une même autorité, la fusion fut rapide, et les populations des massifs montagneux, qui avaient besoin de descendre dans la plaine pour y trouver les ressources dont leur sol était avare, entrèrent par le fait même dans la nation nouvelle.

Le travail de fusion fut opéré sous l'influence de **Paris.**

C'est à ce centre de convergence des grands fleuves de la région du Nord que se réunissent en effet les routes venant du Midi-Méditerranéen et du Midi-Atlantique par Poitiers et par Langres.

Bordeaux et Lyon ne peuvent se donner la main qu'à Paris.

Paris est le cœur de la France, et on peut dire que tout le sang, toute la vie du pays, y passe en une circulation incessante[1].

La France, ainsi homogène, devait, par sa situation, jouer un rôle des plus remarquables en Europe.

Puissance méditerranéenne, elle a longtemps exercé sur la Méditerranée et sur les côtes du Levant une influence prédominante; elle y conserve toujours une importante situation politique et militaire.

Ouverte sur l'Atlantique, elle a pris part, concurremment avec le Portugal, l'Espagne et l'Angleterre, aux grandes entreprises maritimes du XVIe et du XVIIe siècle; ce sont des marins dieppois et normands qui ont établi les premiers comptoirs sur les côtes de l'Amérique du Nord et de la Guinée.

En communication avec les peuples et les États voisins par de larges frontières continentales, elle a été un des plus remarquables facteurs du développement économique et intellectuel de l'Europe.

1. *Nier.*

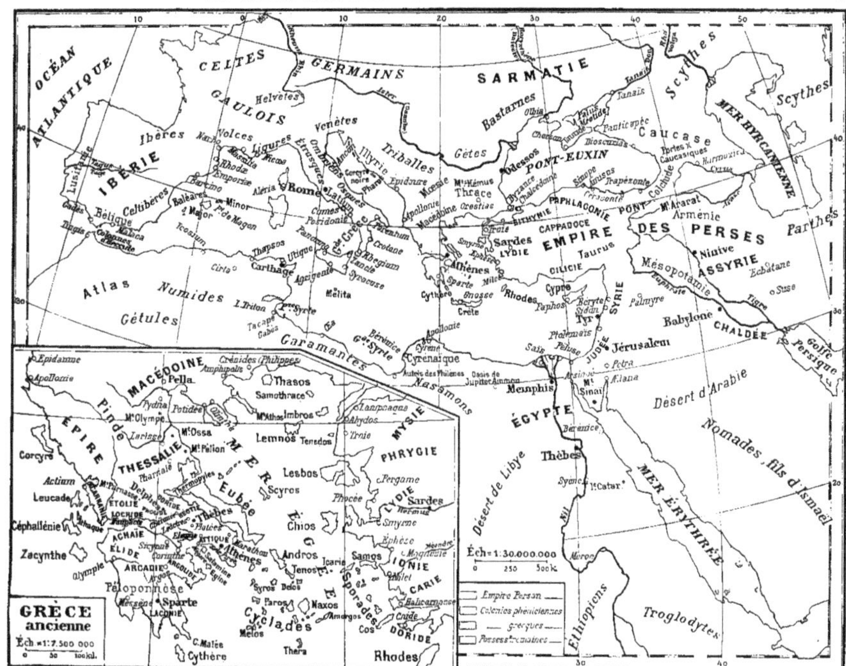


L'histoire de la civilisation commence sur les bords de la **Méditerranée.** Le *Monde antique* éclôt, se développe et s'épanouit autour de cette Mer intérieure comme « *un jardin autour d'un beau lac* » (Pline).

## LES PREMIERS EMPIRES

Les plus anciens Empires historiques sont :

**L'Empire égyptien ;**

L'**Empire chaldéen**, qui se démembra en :

**Empire d'Assyrie** (**Ninive**);

**Empire babylonien** (**Babylone**).

Ces Empires sont absorbés, vers 525 av. J.-C., par le grand Empire Perse.

L'**Empire Perse** est détruit, en 331, par *Alexandre le Grand.*

L'**Empire d'Alexandre** unit un moment le *monde grec* et le *monde asiatique.*

Au IV^e siècle, l'Asie est connue jusqu'au **Pamir**. Des caravanes chaldéennes et perses sont en relations avec la Chine (pays des **Sériques**) ; des navires égyptiens et assyriens ont abordé au pays d'**Ophir** et à la **Chersonèse d'or** (Indes et Malacca ?).

## LES PHÉNICIENS (*Sémites*)

Les *Phéniciens* sont les *premiers marins.*

Jusqu'au XII^e siècle av. J.-C., ils fondent des colonies dans la Méditerranée orientale.

Prédominance de **Sidon**.

Du XII^e au VI^e siècle, leurs colonies s'étendent à la Méditerranée occidentale.

Prédominance de **Tyr**.

Du VI^e au II^e siècle, puissance de **Carthage**.

Les Carthaginois ont des établissements sur les côtes d'Afrique et d'Espagne, en Sicile, en Sardaigne, et dans les Iles.

*Phéniciens* et *Carthaginois* explorèrent les côtes de l'océan Atlantique, vers le nord et le sud (voyages *d'Himilcon et d'Hannon*).

## LES JUIFS (*Sémites*).

Le *peuple juif*, établi en **Palestine** (1580 av. J.-C.), a un double caractère : il garde sa nationalité et conserve la *croyance à un seul Dieu.*

## LES GRECS OU HELLÈNES (*Aryens.*)

La **Grèce** est un très petit pays, aux rivages admirablement découpés. Sur ce sol éminemment favorable, se développa une race intelligente et expansive, dont l'influence fut prépondérante sur la civilisation. Elle répandit au loin sa langue, son art, sa religion :

1° Par le **commerce** et la **colonisation**. Établissements des *Éoliens, Doriens* et *Ioniens*, du XVI^e au V^e siècle av. J.-C., sur les côtes de l'Asie mineure, du Pont-Euxin, de l'Italie méridionale, de la Sicile, de la Cyrénaïque, de l'Espagne, de la Gaule (**Massilia**-Marseille). Les Grecs expulsèrent peu à peu les Phéniciens de la Méditerranée.

2° Par la **conquête macédonienne** (336-323), qui étendit l'Hellénisme jusqu'à l'Inde :

**Empire d'Alexandre ;**

**Empires des Séleucides** en Syrie, et des **Lagides** en Égypte.

**Royaumes de Pergame, Bithynie, Pont**, etc.

**Rome**, fondée en 754 av. J.-C., n'a assujetti encore que les peuples de l'Italie. Mais, dans chacun des bassins de la Méditerranée, vont grandir deux mondes différents, le **monde grec** (bassin oriental), le **monde latin** (bassin occidental).

# LA GAULE ANCIENNE

(LIMITES A L'ARRIVÉE DE CÉSAR)

## LES GAULOIS

Le pays, qu'on appelait la **Gaule**, s'étendait sur toute la grande *région naturelle*, délimitée par l'océan Atlantique à l'ouest, les Pyrénées et la Méditerranée au sud, les Alpes et le Rhin à l'est et au nord.

Par suite de sa situation à l'occident de l'Europe, la Gaule a vu passer sur son sol la plupart des races qui ont peuplé l'Europe : *Ibères*, *Celtes*, *Latins*, *Germains*, plus tard les *Touraniens*. Les unes n'ont fait que la traverser pour aller se grouper en Espagne et en Angleterre; d'autres, arrêtées par l'Océan, s'y sont fixées. Parmi ces dernières, deux peuples conquérants, les *Romains* et les *Germains*, ont dominé et transformé la Gaule; d'autres, tels que les *Huns* et les *Arabes*, n'ont fait qu'y passer ou la ravager.

Il en est résulté que le sang gaulois a été fortement croisé. Mais il y a eu un *type gaulois*, qui s'est conservé tout en se fondant avec le *type germain*, après s'être affiné sous l'empreinte de la civilisation romaine.

Des retours offensifs de peuples gaulois ont eu lieu, en sens inverse, vers leurs pays d'origine; quelques tribus restèrent même cantonnées sur le Pô (**Gaule cisalpine**), sur le Danube (**Boïens, Bavière**), en **Bohême**, en Asie-Mineure (**Galatie**).

Les noms gaulois des peuplades primitives sont inconnus; ils ont été transmis sous la forme latine. On en retrouve la trace dans les racines ou radicaux des noms de provinces et de pays.

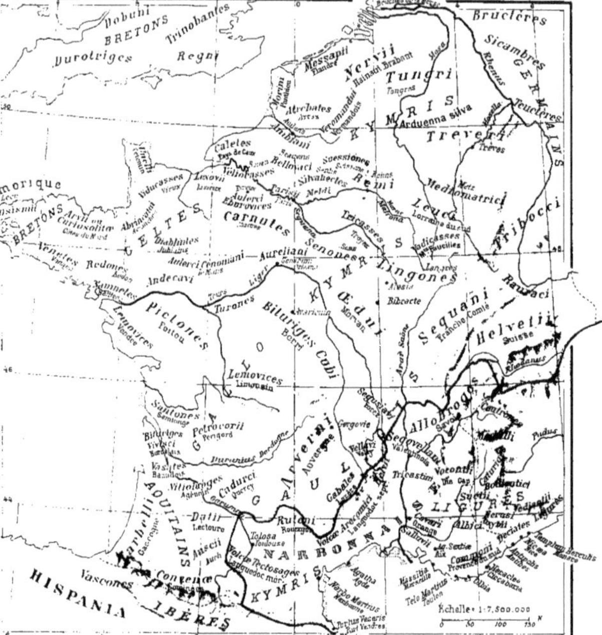


## PREMIERS AGES

Populations primitives inconnues, attestées par des débris dits préhistoriques.

Populations gauloises, monuments mégalithiques.

1° **Age de pierre**. — Gisements de Saint-Acheul, de Solutré, de Grenelle, de Cro-Magnon, etc. : cités lacustres de la Suisse et de la Savoie.

2° **Age de fer.** — *Ibères* et *Ligures* (type brun) se retrouvent dans les Basques; — *Celtes* (x^e siècle av. J.-C.) refoulent les Ibères au S.-O. (Pyrénées), les Ligures au S.-E. (littoral méditerranéen). — *Galls*, *Gaëls* ou *Gaulois* (VI^e siècle) refoulent les Celtes sur les plateaux ou dans les pays écartés (Auvergne, Bretagne); — *Kymris* (III^e siècle), mélangés de Celtes et Germains, occupent le Nord.

3° **Colonies étrangères**. — Des colonies *phéniciennes* ont existé à des époques très anciennes sur la côte méditerranéenne : **Ruscino** (Perpignan), **Narbo** (Narbonne), **Cessero** (Agde), **Telo** (Toulon), etc. Elles furent détruites ou remplacées par des colonies *grecques* : **Portus Veneris** (Port-Vendres), **Agatha** (Agde), **Massilia** (Marseille, 600 ans av. J.-C.), **Olbia** (Hyères), **Antipolis** (Antibes), **Templum Herculis Monæci** (Monaco), etc.

4° **Organisation politique**. — A l'arrivée de César, la Gaule indépendante ou chevelue (Gallia Comata) comprend 60 cités ou peuplades; la Gaule romaine (Provincia), 20. La population n'est pas groupée par villes; elle est formée en cantons (*pagi*, pays), tantôt isolés, le plus souvent reliés par des confédérations assez vagues. Il existe seulement quelques enceintes destinées à la protection en cas de guerre, telles **Gorgovia**, **Alésia**, **Bibracte**, **Avaricum**.

## CONQUÊTE ROMAINE

154. Après avoir soumis la Gaule cisalpine, les Romains interviennent en Gaule, appelés par Marseille.

123. Les Romains, maîtres du littoral, de Marseille aux Alpes, fondent **Aquæ Sextiæ** (Aix).

123-120. Guerre contre les *Allobroges* : conquête du pays entre le Rhône, le Léman et les Alpes.

120. Constitution, dans la Gaule Transalpine, de la **Province** (Narbonnaise).

118. Conquête du littoral, de Marseille aux Pyrénées; fondation de **Narbo Martius** (Narbonne).

**Guerres de César**. — César conquiert la Gaule de 58 à 50 av. J.-C.

Cette conquête a pour causes : 1° l'ambition de César; 2° l'extrême division des Gaulois; 3° la nécessité de les protéger contre les invasions des Germains.

En 58, il refoule en Germanie les *Helvètes* d'Orgétorix et les *Suèves* d'Arioviste.

En 57, il soumet les *Belges* : en 55, il refoule les *Usipiens* et les *Tenctères*; en 56, il passe en *Bretagne* et redescend en *Aquitaine*.

En 54, éclate la grande révolte, dont le nom de *Vercingétorix* a résumé les efforts divisés (*Éburons* et *Trévires* au nord, *Arvernes* et *Éduens* au centre).

Les grandes enceintes fortifiées, Genabum, Avaricum, Gergovia, Alésia, sont enlevées et détruites.

En 50, la conquête est définitive.

**Résultats**. — En rattachant la Gaule à l'Empire romain, César l'arrache pour cinq siècles à la barbarie germanique.

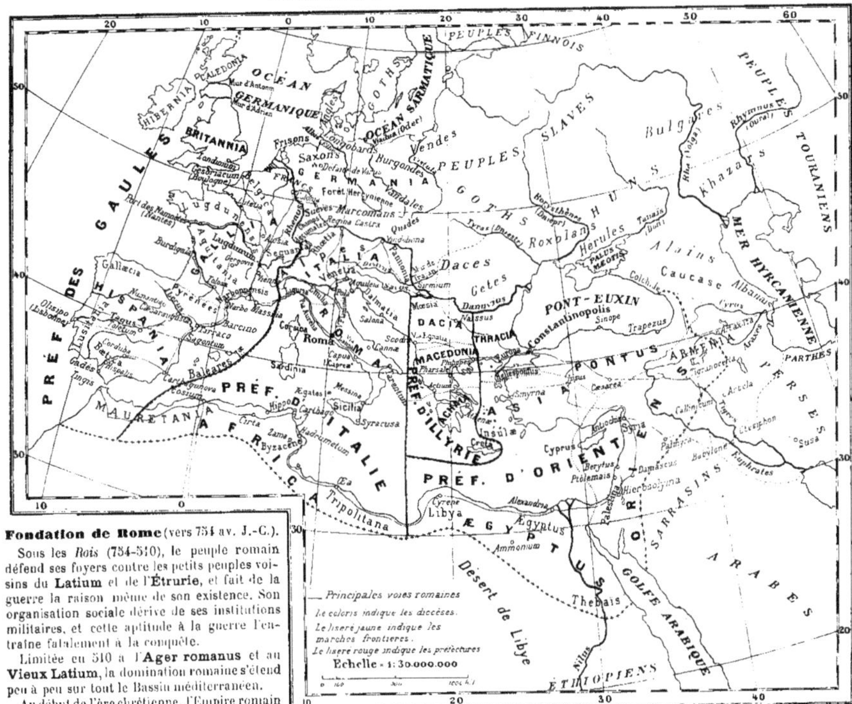


**Fondation de Rome** (vers 754 av. J.-C.).

Sous les *Rois* (754-510), le peuple romain défend ses foyers contre les petits peuples voisins du **Latium** et de l'**Étrurie**, et fait de la guerre la raison même de son existence. Son organisation sociale dérive de ses institutions militaires, et cette aptitude à la guerre l'entraîne fatalement à la conquête.

Limitée en 510 à l'**Ager romanus** et au **Vieux Latium**, la domination romaine s'étend peu à peu sur tout le Bassin méditerranéen.

Au début de l'ère chrétienne, l'Empire romain embrasse le monde connu des anciens.

## RÉPUBLIQUE (510-30).

1° **Conquête de l'Italie** (510-275), maintenue par la création des *colonies militaires* et des grandes *voies romaines*.

2° **Conquête du Monde ancien** (275-30), par la valeur militaire des *légions*; par la politique du *Sénat*.

3° **Formation des Provinces romaines :**

| En Occident : | En Orient : |
|---|---|
| 264-146. Ruine de **Carthage**. | Conquête du **monde grec** et de l'**Asie hellénisée** (empire d'Alexandre). |
| 241. Sicile. | 147. Macédoine. |
| 238. Corse-Sardaigne | 146. Achaïe. |
| 197. Espagne. | 129. Asie. |
| 163. Gaule cisalpine. | 64. Syrie, Phénicie, Cilicie, Pont. |
| 146. Afrique. | 30. Égypte. |
| 120. Narbonnaise et Provence. | |
| 50. Gaule. | |

## EMPIRE (30 av. J.-C.-476).

**Politique nouvelle** : Conserver plutôt qu'acquérir. En s'élargissant, l'empire romain est entré en contact avec les peuples barbares. La guerre devient permanente aux frontières, les légions les dépassent à plusieurs reprises.

1° *Sous les douze premiers Césars* (1er siècle) :

Conquêtes au delà du Rhin.
Création des deux Germanies.
Occupation des champs décumates.
Conquête de la Bretagne.
Annexion de la Cappadoce et de la Comagène.

2° *Sous les Antonins* (98-117) :

Conquête de la Dacie, au nord du Danube; de l'Arménie et de la Mésopotamie, de l'Arabie, au delà de l'isthme de Suez.

3° Les expéditions de *Septime-Sévère* et de *Dioclétien* ne font que défendre les conquêtes faites, et refouler un moment les envahisseurs.

## ADMINISTRATION IMPÉRIALE

1° **Division d'Auguste** (27 av. J.-C.)

Partage des provinces entre l'Empereur et le Sénat :

13 **provinces impériales**, gouvernées par des *legats*, provinces militaires, occupées par les légions, qui y vivent en permanence.

10 **provinces sénatoriales**, très bien soumises, gouvernées par des *proconsuls*; administration régulière et uniforme.

2° **Division de Dioclétien** (297).

Nécessité de renforcer le pouvoir de l'Empereur, affaibli par les troubles intérieurs, et d'augmenter les forces militaires pour résister aux Barbares.

**4 préfectures** (*préfet* et *maître de la milice*) divisées en **diocèses** (*vicaire*), qui se subdivisent en **provinces** (*proconsuls* et *procurateurs*) : 96 sous Dioclétien, 119 sous Théodose.

A la mort de Théodose (395), division en deux Empires. L'**Empire d'Occident** dure un siècle et tombe sous les coups des Barbares (395-476). L'**Empire d'Orient** dure plus de dix siècles (395-1453). De capitale du Monde ancien, **Rome** devient capitale du Monde chrétien.

## I. — ORGANISATION DE LA GAULE

1°. — César distingue dans la Gaule quatre grandes divisions territoriales :

1° la **Belgique**, au nord, entre le Rhin, la Seine et la Marne ;
2° la **Celtique**, au centre, entre Seine, Marne, Rhône, Cévennes et Garonne ;
3° l'**Aquitaine**, au sud, des Pyrénées à la Garonne ;
4° la **Province romaine** ou **Narbonnaise**, au sud-est.

2°. — Auguste constitue six provinces : **Belgica, Celtica** ou **Lugdunensis, Aquitania,** deux **Germania. Narbonensis,** qui comprennent 80 *civitates* (cités), subdivisées en *pagi* (cantons).

Les cinq premières provinces sont des provinces impériales ; la Narbonnaise est une province sénatoriale.

Fondation de **Lyon (Lugdunum),** métropole de la Gaule romaine. Les assemblées religieuses s'y tiennent dans le temple des Trois provinces, devant l'autel de Rome et d'Auguste.

Fondation de nombreuses villes. On leur donne les noms de César et d'Auguste, en y ajoutant des terminaisons gauloises : *bona*, source ; *dunum*, colline ; *durum*, forteresse ; *magus*, bourgade ; *nemetum*, temple ; *ritum*, gué ; *briva*, pont ; *divona*, fontaine ; *condate*, confluent, etc. Exemples : **Juliobona** (Lillebonne). **Augustodunum** (Autun), **Juliomagus** (Angers), **Augustonemetum** (Clermont-Ferrand), **Augustoritum** (Limoges), etc.

La Gaule devient très rapidement romaine et jouit d'une grande prospérité.

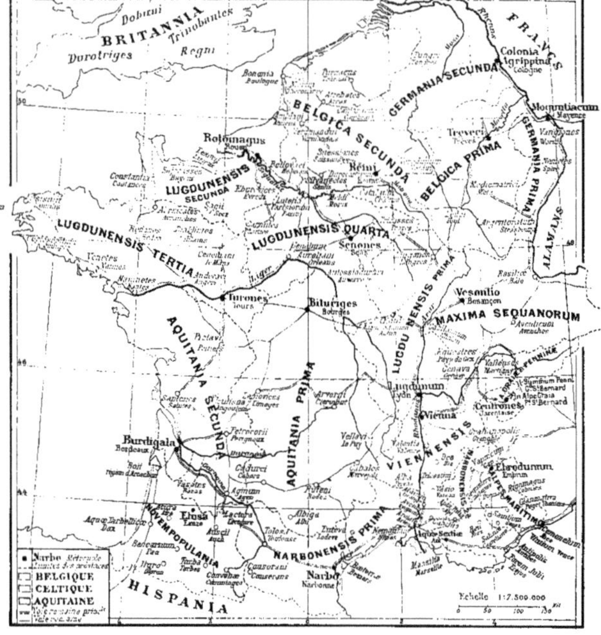


## II. — TRANSFORMATION

L'organisation se modifie particulièrement sous Dioclétien.

La Gaule entière forme alors un *diocèse* de la **Préfecture des Gaules,** qui comprend aussi la Bretagne, l'Espagne, et la Mauritanie Tingitane. Elle est divisée en 17 provinces et 120 cités.

Les noms des villes subissent des transformations ; le nom de la peuplade dont elles sont le chef-lieu administratif et judiciaire se substitue au nom gallo-romain ou purement gaulois. Ainsi **Augusta Suessionum** devient **Suessiones** (Soissons), **Lutetia Parisiorum** devient **Parisii** (Paris), **Cæsaromagus Bellovacorum** devient **Bellovaci** (Beauvais), etc...

Quand la cité renferme deux ou trois villes municipales, plus ou moins autonomes, elle conserve le nom primitif ou hybride : **Rotomagus** (Rouen), **Burdigala** (Bordeaux).

La plupart des noms des villes modernes, ont la forme du pluriel : Châlons-sur-Marne, quand ils dérivent du nom de la peuplade, **Catalauni** ; et la forme du singulier : Chalon-sur-Saône, quand ils dérivent du nom gaulois, **Cabilaunum.**

La liberté municipale reste absolue. La Gaule devient chrétienne, du IIe au IVe siècle.

## III. — VOIES ROMAINES

**Lyon** est le point de départ commun.

4 grandes voies partent de Lyon :

1° La Voie du Nord-Ouest, par Autun ou Langres, sur Reims, Amiens, Boulogne (*route naturelle du plateau de Langres et du bassin de Paris*) ;

2° La Voie du Nord-Est, par Besançon, Strasbourg, Metz et Trèves, sur Cologne (*routes naturelles de la trouée de Belfort et du col de Saverne*) ;

3° La Voie du Sud, par la rive gauche du Rhône, sur Nîmes, Narbonne et les Pyrénées (*route naturelle du seuil de Naurouze*) ;

4° La Voie de l'Ouest, par Clermont et Limoges, sur Bordeaux et Saintes (*route naturelle contournant le Massif central*).

Une cinquième voie (*voie de l'Océan*), partant de Bordeaux, longe à distance le littoral de l'Atlantique par le *seuil de Poitiers* et Tours.

Trois grandes voies mènent d'Italie en Gaule :
1° Par Nice, le long du littoral (*Corniche*) ;
2° Par le col du *Mont-Genèvre,* Embrun et la Durance ;
3° Par le *Petit Saint-Bernard,* l'Isère et Genève.

*Les voies romaines, tracées à l'origine pour faciliter la marche des légions, deviennent bientôt les grandes routes commerciales.*

## IV. — LA MONARCHIE FRANQUE

Au Ve siècle, les **Francs,** établis sur la rive gauche du Rhin et sur l'Escaut, sont des sujets de l'Empire romain. Ils gardent leurs rois, leurs lois et leurs mœurs, et défendent les frontières septentrionales de la Gaule. Peu à peu ils gagnent du terrain, à mesure que le pouvoir impérial s'affaiblit.

458. *Childéric* est roi de Tournai. Il y a des rois francs à Cologne, à Cambrai, au Mans, etc.

481-511. *Clovis,* roi de Tournai, chef ambitieux et habile, expulse ou soumet les chefs gallo-romains et barbares, établis en Gaule :

*Syagrius,* chef des *Gallo-Romains* de Neustrie (**bataille de Soissons**) (486) ;

*Gondebaud,* roi des *Burgondes* ariens (500) ;

*Alaric,* roi des *Wisigoths* ariens (**bataille de Vouillé**) (507).

Les autres rois francs disparaissent. Les succès de Clovis sont facilités par l'appui que lui donnent *l'Église catholique,* après sa conversion, et *l'Empereur d'Orient,* qui le reconnaît *patrice* et chef des Gaules.

*La Gaule n'a opposé aucune résistance nationale.* La **monarchie franque** s'établit sur le sol gaulois et succède à la domination impériale, en conservant la forme romaine de l'administration.

## L'EUROPE AU V^e SIÈCLE

(LES ROYAUMES BARBARES)

L'**Invasion des Barbares** est préparée par une infiltration progressive des Germains comme colons et surtout comme soldats mercenaires. Elle est déterminée au IV^e siècle par les poussées successives des peuples touraniens de l'Asie centrale. (Invasion des Huns.)

Les Germains s'établissent dans l'Empire; des États qu'ils fondèrent, *les seuls durables furent ceux qui respectèrent les institutions romaines et l'Église catholique.*

| PEUPLES | MIGRATIONS SUCCESSIVES | INVASIONS DANS L'EMPIRE | ÉTABLISSEMENTS |
|---|---|---|---|
| **Francs** | Rhin inférieur.<br>Belgique.<br>Bassin de Paris. | 256. Première invasion de la Gaule.<br>428. *Clodion*. — Les Francs Saliens s'avancent jusqu'à la Somme.<br>451. *Mérovée* à la bataille de Châlons. | Dès le IV^e siècle les Francs Ripuaires sont établis entre les Vosges et le Rhin.<br>481-511. *Clovis* (Chlodowig) conquiert toute la Gaule. Premier **royaume des Francs.** |
| **Goths** | Scandinavie;<br>Germanie orle;<br>Bas-Danube;<br>Theiss et Dniester (empire d'*Hermanrich*, 350-376) | **Wisigoths**. — Invasion en Mœsie. Bataille d'Andrinople (378).<br>*Alaric* envahit la Grèce (395), puis l'Italie de 401 à 412.<br>**Ostrogoths.** — Ils font la conquête de l'Italie sur les Hérules (489-495). | 412-419. *Ataulf* en Aquitaine. *Wallia* en Espagne.<br>507-534. Les Wisigoths refoulés en Espagne.<br>534-711. **Royaume catholique des Wisigoths** d'Espagne, détruit par les Arabes.<br>493. **Empire des Goths** de Théodoric, détruit par les Grecs (553). |
| **Vandales** | Poméranie;<br>Dacie-Pannonie;<br>Rive droite du Rhin. | 406-411. Invasions en Gaule et en Espagne. La Bétique prend le nom d'**Andalousie**. | 429. **Royaume des Vandales** (*Genséric*), (Afrique du Nord), détruit par *Bélisaire* (534). |
| **Burgondes** | Vistule;<br>Mein. | 407. *Gondicaire* s'établit dans la vallée de la Saône.<br>Les Burgondes s'avancent jusqu'à la Durance. | 413 **Royaume des Burgondes**, détruit par les Francs (500-534.) |
| **Angles-Saxons.** | Basse-Elbe; Eyder;<br>Sleswig-Holstein. | 449-526. Invasion des Saxons dans la Grande-Bretagne.<br>547-584. Invasion des Angles. | 455-526. Les quatre **royaumes saxons** (**Kent, Sussex, Wessex, Essex**).<br>560-584. Les trois **royaumes angles** (**Northumbrie, Estanglie. Mercie**). |
| **Lombards** | Oder et Elbe. | 568. *Alboin* s'empare de l'Italie du Nord.<br>584-590. Les Lombards jusqu'à Bénévent. | 590. Les trente-six **duchés lombards.**<br>754-774. Le **royaume lombard** est détruit par les Francs. |

CONCLUSION. — Les établissements fondés par les Francs et les Anglo-Saxons ont seuls survécu.

# LA CONQUÊTE ARABE

(LIMITES A LA FIN DU VIII$^e$ SIÈCLE)

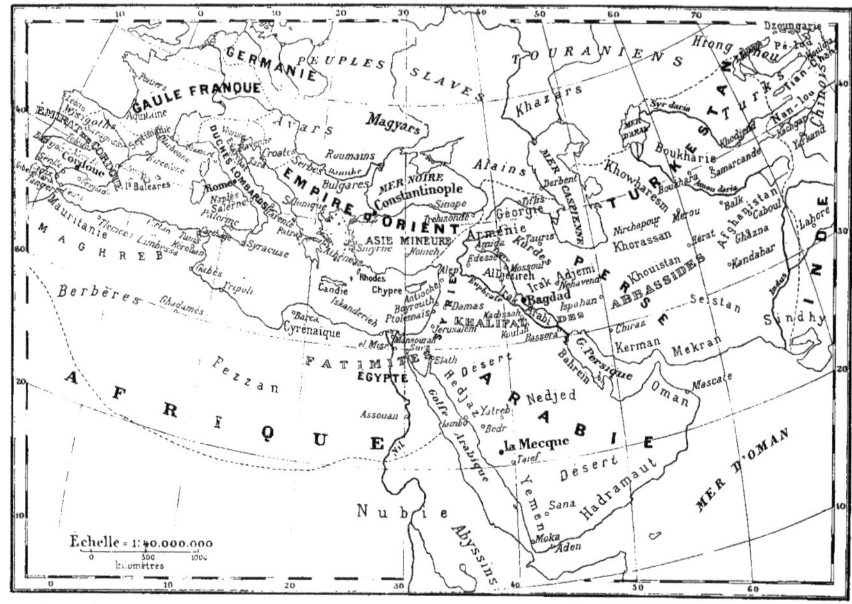


**Conquête arabe.** — Sa rapidité extraordinaire est due à trois causes :

1° Au fanatisme et à l'esprit de prosélytisme de l'Islam;

2° A la faiblesse des États voisins (Empire d'Orient et Empire persan des Sassanides);

3° A la politique habile des Califes, qui, impitoyables dans le combat, ménagent les vaincus et ne détruisent pas les nationalités.

**Prédication de l'Islam.** — 570-632. Le *Prophète Mahomet* (en arabe, *Mohammed*) promulgue sa doctrine dans le *Coran*. Elle admet un seul Dieu, dont Mahomet est le prophète, l'immortalité de l'âme, les peines et les récompenses de la vie future. Elle prescrit la prière, les ablutions, l'aumône de la dîme, la guerre sainte, et tolère la polygamie. Le Coran est à la fois l'évangile et le code des musulmans.

622. **L'Hégyre** (fuite de Mahomet à Médine) est la date originelle de l'année musulmane.

CONQUÊTES EN OCCIDENT

638-640. — Egypte. Prise d'Alexandrie.
647-708. — Maghreb et Mauritanie.
674. — Fondation de **Kairouan**.
711. — Les Arabes traversent le détroit de Gibraltar et envahissent l'Espagne. — **Bataille de Xérès.**
711-721. — Conquête de l'Espagne.
721-732. — Conquête de l'Aquitaine. — Incursions dans la vallée du Rhône.
732. — **Bataille de Poitiers.**

Les Arabes, refoulés par les Francs, ne gardent au nord des Pyrénées que la Septimanie. Ils en sont définitivement expulsés par Charlemagne.

CONQUÊTES EN ORIENT

634-638. — Syrie. — Prise de Damas et de Jérusalem.
636-642. — Perse. — **Batailles de Cadésiah et de Néhavend.**
646. — Arménie. — 647. Chypre. — 651. Rhodes.
707. — Transoxiane (Turkestan) et Inde.

La conquête musulmane s'étend dans la Boukharie et jusqu'aux marches chinoises de Dzoungarie et de Kachgarie (**Tian-Chan Pé-lou et Nan-lou**). Aux XIV$^e$ et XV$^e$ siècles, l'empire de *Timour-Lenk* (Tamerlan) représente la plus grande extension de l'Islamisme en Asie.

672-717. — Les Arabes attaquent l'Empire d'Orient. Ils échouent devant Constantinople. Fondation de **Bassora** et de **Bagdad** (762).

**Empire arabe.**
- 1° 632-660... **Khalifat unique.**
  - Califes conquérants. — 632, *Abou-Bekr*. — 634, *Omar*. — 644, *Othman*. — 656, *Ali*, gendre de Mahomet.
  - 660-750. — *Ommiades* à Damas.
- 2° VIII$^e$-XIII$^e$ s$^e$. **Khalifat divisé.**
  - 750-1258. — *Abassides* à Bagdad.
  - 756-1031. — *Ommiades* à Cordoue.
  - 909-1258. — *Fatimites* au Caire.

Plus tard, anarchie politique et nombreuses dynasties locales en Orient et en Occident.

CONCLUSION. — L'Islamisme échoue en Europe et ne fait de progrès qu'en Asie et en Afrique.

## L'EUROPE AU IXe SIÈCLE

(L'EMPIRE DE CHARLEMAGNE)

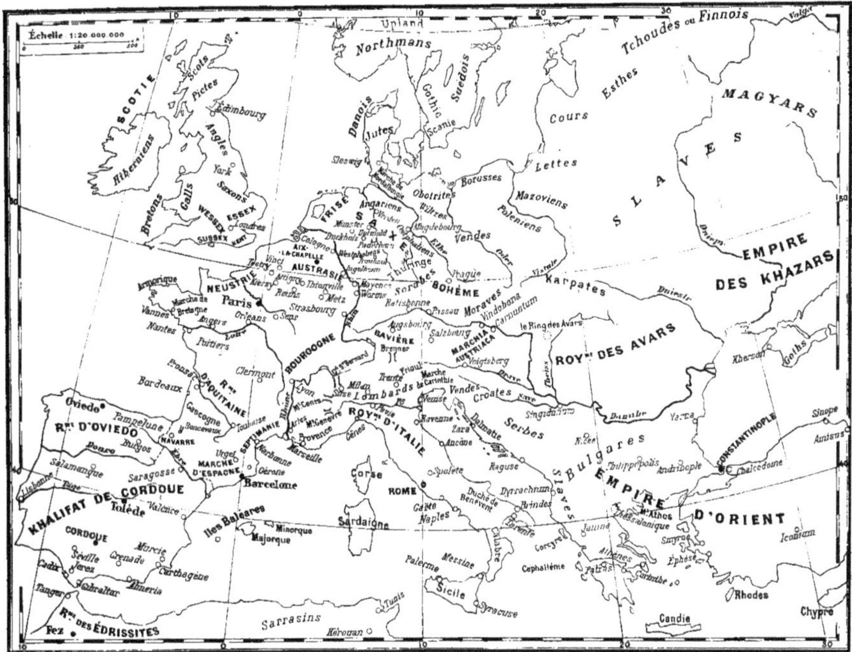


Les **Guerres de Charlemagne**, en apparence offensives et entreprises dans un esprit de conquête, sont en réalité défensives. Elles ont un double caractère :

1° Elles *étendent* l'empire des Francs et l'autorité de l'Église catholique ;

2° Elles *arrêtent* aux frontières les invasions des Slaves et des populations mongoliques.

Contre les **Aquitains** et les **Arabes**..
- 769. — Répression du soulèvement de *Hunald*, en Aquitaine.
- 778. — Première expédition d'Espagne. **Roncevaux.**
- 785. — Soumission de Gérone, d'Urgel, de Barcelone.

Contre les **Lombards** et les **Grecs**....
- 768-774. — Destruction du royaume lombard. — Charlemagne (roi d'Italie).
- 776. — Soumission des ducs de Frioul et de Spolète.
- 786-796. — Soumission du duc de Bénévent.

Contre les **Saxons**................
- 772. — Destruction de l'**Irmensul**, centre religieux des Saxons.
- 778-785. — Lutte contre *Witikind*.
- 804. — Soumission définitive de la Saxe après dix huit expéditions.

Contre **Slaves** et **Avars**.............
- 788-789. — Conquête de la Bavière et des pays de l'Elbe. — Tribut imposé aux *Obotrites*, *Wiltzes* et *Sorabes*, d'origine slave.
- 791-796. — Guerre contre les *Avars*, de race touranienne. — Prise du **Ring** des Avars (796).

**Organisation géographique et politique.**

1° **Marches-frontières**....... Marquisat ou margraviats, destinés à devenir des royaumes. — Marches d'Espagne (**Aragon**), de Nordalbingie (**Sleswig** et **Danemark**), Orientale et de Carinthie (Osterreich, **Autriche**).

2° **Grandes Régions**.........
- En Gaule. — **Austrasie**, **Neustrie**, **Bourgogne**, **Aquitaine**, les plus anciennes; **Bretagne**, **Gascogne**, **Septimanie**, **Provence**.
- En Germanie. — Organisation des Saxons. } Dessin mal arrêté.
- En Italie. — **États de l'Église**. } Dessin mal arrêté.

3° **Divisions ecclésiastiques**..
- En Gaule. — Les diocèses ont les limites des cités romaines et deviennent les pays.
- En Germanie et Italie. — Les cités épiscopales deviendront les villes libres.

CONCLUSION. — L'Empire de Charlemagne est formé de la reunion de *tous les pays catholiques*.

## I. — L'ANGLETERRE JUSQU'AU XIe SIÈCLE

Populations primitives des îles anglaises : peut-être les *Ibères*, puis les *Celtes* (*Gaëls*, *Pictes*, *Scots*).

A partir du ve siècle, invasions germaniques (*Saxons*, *Angles*, *Jutes*) et scandinaves (*Norvégiens*, sur les côtes, *Danois*, *Normands*).

**Fondation de l'Heptarchie.**

**4 royaumes saxons** :

455. — **Kent** (Jutes), cap. Kantorbéry.
491. — **Sussex** (Saxons du Sud), cap. Winchester.
515. — **Wessex** (Saxons de l'Ouest), cap. Chichester.
526. — **Essex** (Saxons de l'Est), cap. **Londres**.

**3 royaumes angles** :

(Les Angles émigrèrent en masse et ont donné leur nom à l'Angleterre.)

547-560. — **Northumbrie**, cap. York.
571. — **Estanglie**, cap. Norwich.
584. — **Mercie**, cap. Leicester.

La conversion au catholicisme, entamée par le pape Grégoire le Grand, fut achevée à la fin du viie siècle. L'unité religieuse entraîna *l'unité politique*, avec *Egbert le Grand*, roi de Wessex, qui réunit un moment toute l'heptarchie et fonda la **monarchie Anglo-Saxonne** (827-1066). Pendant cette période, l'histoire de l'Angleterre est séparée de celle des autres États de l'Europe; les Anglo-Saxons luttent contre les Danois.

*Alfred le Grand* (871-901) abandonne les royaumes angles aux Danois. Il est considéré comme l'organisateur de la monarchie anglaise; ses institutions ont été la base des lois anglaises.

## II. — LES NORMANDS

*Causes des incursions.* — Les Normands sont le dernier ban des invasions venues du Nord. Ce sont des pirates (*Vikings*, rois de la mer), poussés par l'esprit d'aventures et l'amour du butin.

*Caractère.* — Ils descendent par la mer du Nord, longent les côtes, remontent les fleuves, et pillent surtout les monastères et les églises. Au début, ils sont cruels, hostiles à la civilisation, destructeurs ; puis, au contact des peuples chrétiens, ils s'adoucissent, deviennent chrétiens à leur tour, et concourent à la formation des nationalités européennes en y apportant leur génie administratif et commercial et le goût des explorations lointaines.

### Incursions des Normands.

1° Aux Pays-Bas :

826. *Harold* en Frise. — Stations de **Walcheren** et de **Maëstricht**.

2° En France :

Stations de **Noirmoutiers** (Loire) et d'**Oissel** (Seine).

830. — Expédition de l'île de Ré.

885. — Siège de Paris. — Dévastation de la Bourgogne.

3° En Angleterre :

837-871. — Les Normands-Danois dans les royaumes angles. — 871-938. Ils sont refoulés par les rois saxons OElla et Alfred le Grand.

938. — Bataille de Brunanburgh. — Réunion de l'heptarchie sous *Athelstan*, qui prend le premier le titre de *roi d'Angleterre*.

1016-1035. — Les Danois sont maîtres de l'Angleterre.

*Kanut le Grand* fonde l'**empire du Septentrion** (Angleterre, Danemark, Scandinavie).

1041-1066. — Restauration saxonne.

### Établissements des Normands.

1° Dans les parages de l'Océan glacial :

861. — Établissements aux Féroë. — 870. En **Islande**. — 982. Au **Groënland**. — Au xiie siècle, au Labrador et au Vinland.

2° En Russie :

862-865. — *Rurik* et ses frères, chefs Varègues (en finnois *Rouss*, d'où Russes), appelés par les Slaves de **Novgorod** et de **Kiev**, fondent l'**État moscovite**. Conversion des Russes à l'orthodoxie (989).

3° En France :

911-912. — **Traité de Saint-Clair-sur-Epte.** *Rollon* fonde le **duché de Normandie** et reçoit le baptême.

4° En Italie :

1000-1053. — Établissements des Normands dans l'Italie du Sud. Fondation du **Royaume des Deux-Siciles** (1139).

5° En Angleterre :

1066. — *Guillaume le Conquérant*, duc de Normandie, renverse la monarchie anglo-saxonne. — **Bataille d'Hastings.**

**Conclusion.** — La **conquête normande** sortit l'Angleterre de son isolement ; elle devint sans transition, sous les princes normands, *une puissance européenne*. Mais la race se maintint anglo-saxonne et absorba les Normands venus de France.

# L'EUROPE AU X^e SIÈCLE

(LE SAINT-EMPIRE GERMANIQUE EN 962)

Le **royaume de Germanie**, constitué par le traité de Verdun (843), fut l'origine de l'Allemagne moderne. Morcelé territorialement autant par la nature du sol que par le particularisme féodal, il prit une apparence d'unité politique, et surtout religieuse, avec le **Saint-Empire romain germanique**, fondé par *Otton de Saxe*, dit *le Grand* (962).

Au x^e siècle le Saint-Empire *englobe* les peuples de langue germanique et les États conquis sur les Slaves par les Germains. Il comprend :

1° Les **quatre grands duchés allemands** : *Saxe* (avec la Thuringe), *Franconie*, *Souabe*, *Bavière*; dont les limites varient fréquemment;

2° Les **marches de l'Est**, créées successivement par les empereurs pour défendre l'Empire contre les attaques des Slaves et des Magyars : Holstein, Brandebourg, Misnie, Lusace, Autriche, Carinthie, Carniole, etc. (frontières encore indécises).

Les empereurs allemands *prétendent*, pendant deux siècles, incorporer dans le Saint-Empire :

1° A l'ouest : l'ancienne **Lotharingie** (basse et haute Lorraine), les deux **Bourgognes**, le **royaume d'Arles**, et la **Provence**;

2° Au sud : l'**Italie** (patriarcat d'Aquilée, évêché de Trente, archevêchés de Ravenne et de Milan, marquisat d'Ivrée, comté de Toscane, États du Pape avec Rome, duchés de Spolète et de Bénévent.)

CONCLUSION. — En Allemagne, la féodalité laïque domine; en Italie, c'est la féodalité ecclésiastique. Des deux côtés, les cités épiscopales tendent à devenir des villes libres. — Les empereurs reculent à l'ouest devant la forte constitution du royaume de France; — en Italie, devant la résistance des papes; ils n'arrivent même pas à soumettre la féodalité allemande.

# LA FRANCE FÉODALE

(COMPARAISON EN 987 1214 ET EN 1314)

## I. — EN 987. DYNASTIE DES CAPÉTIENS.

Caractère : *Extrême morcellement de la France, dû au régime féodal.*

*Hugues Capet* est élu roi. Le domaine royal comprend l'**Ile-de-France** et une partie de l'**Orléanais**.

Les grands seigneurs féodaux sont nominalement vassaux du roi de Paris. En fait ils sont indépendants.

On compte **six grands fiefs** (pairs laïques), qui relèvent du royaume de France :

*Ducs* de **Normandie**, de **Bourgogne**, de **Guyenne** ou **Aquitaine**; *comtes* de **Flandre**, de **Vermandois**, de **Toulouse**.

En dehors du royaume sont :

la **Bretagne** et la **Gascogne**, qui vont passer aux rois d'Angleterre :

la **Provence** et les deux **Bourgognes**, qui forment le **royaume d'Arles** :

la **Lotharingie** (haute et basse Lorraine), qui est une annexe du Saint-Empire germanique.

Chacune de ces grandes régions féodales est subdivisée en une multitude de seigneuries vassales, d'importance variable. Les divisions ecclésiastiques (archevêchés, évêchés) présentent seules un caractère de fixité.

La France féodale était dans un état anormal, contraire à sa constitution naturelle. Les rois, d'abord seulement *rois de Paris*, le comprirent, et leur politique tendit à grouper autour de l'Ile de France, cœur du royaume, toutes les régions qui constituent un ensemble homogène comme sol et comme race.

*Les Capétiens ont été les rassembleurs du sol français.*

## II. — EN 1214, SOUS PHILIPPE-AUGUSTE

Constitution du domaine royal aux dépens des Plantagenets. — Débuts de la rivalité des ducs normands, rois d'Angleterre, avec leurs *suzerains* les rois de France.

### Plantagenets

1066-1087. — *Guillaume*, roi d'Angleterre, possède Normandie, Ponthieu, Maine, Perche.

1127. — *Mathilde* épouse *Geoffroy Plantagenet*, qui possède l'Anjou, la Touraine.

1152. — *Henri II*, leur fils, épouse *Éléonore d'Aquitaine*, qui possède Guyenne et Gascogne, Agénois, Périgord, Limousin, Auvergne, Marche, Poitou, Saintonge.

1158. — Suzeraineté de la Bretagne.

Les rois d'Angleterre, maîtres de la moitié de la France et des côtes depuis Boulogne jusqu'à Bayonne, ne sont encore que les vassaux des rois de France.

### Capétiens

Agrandissements du domaine royal noyau de la France :

*Philippe Ier achète :*

1066. Gâtinais.

1082. Vexin français.

1100. Vicomté de Bourges.

*Philippe-Auguste acquiert :*

1° Par héritage :

1185. — Vermandois, Amiénois, Valois.

1191. — Artois.

2° Par confiscation sur Jean-sans-Terre :

1204. — Normandie, Maine, Anjou, Touraine, Auvergne, suzeraineté de la Bretagne.

1214. — Les Plantagenets sont vaincus par les Capétiens.

## III. — EN 1314, A LA MORT DE PHILIPPE LE BEL

Constitution du domaine royal aux dépens des grands barons.

### 1° Conquêtes sur les ducs de Guyenne, rois d'Angleterre.

1224. — Poitou, Aunis, Saintonge, Limousin, Périgord, Agénois, conquis par *Louis VIII*.

1259. — *Saint Louis*, par le traité de Paris, ne garde que l'Aunis et le Poitou.

### 2° Conquêtes sur les comtes de Toulouse (*croisade des Albigeois*).

1226. — Le bas Languedoc. (Sénéchaussées de Beaucaire et de Carcassonne, créées par Louis VIII.)

1229. — Traité de Meaux. — Acquisition du Vivarais, Velay, Gévaudan et Albigeois.

1271. — *Philippe III* réunit par héritage le comté de Toulouse, avec Quercy et Rouergue.

### 3° Acquisitions diverses.

1238. — Achat du comté de Mâcon. (*Saint Louis.*)

1284. — Héritage des comtés de Champagne, de Blois, de Chartres, du royaume de Navarre. } *Philippe IV.*

1305. — Conquête de la Flandre wallonne. } *Philippe IV.*

1312. — Acquisition de Lyon.

Le territoire français est constitué, sauf l'**Aquitaine**, qui reste aux Anglais, et la **Lotharingie** à l'Empire.

# L'EUROPE AU XIIIe SIÈCLE. LES CROISADES

(LIMITES DES ÉTATS EN 1270)

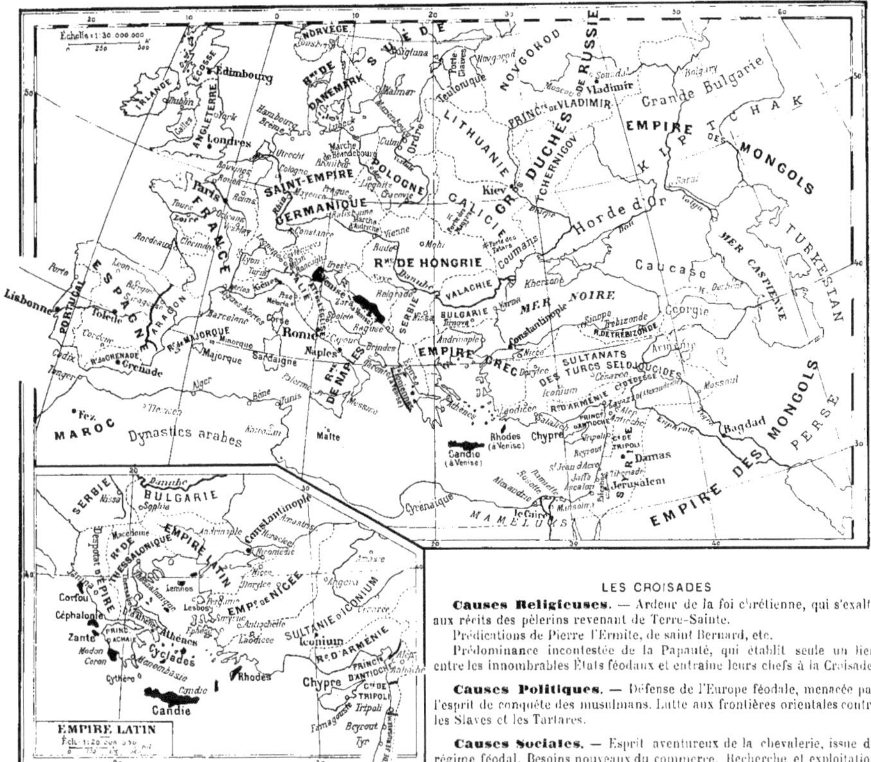


## LES CROISADES

**Causes Religieuses.** — Ardeur de la foi chrétienne, qui s'exalte aux récits des pèlerins revenant de Terre-Sainte.

Prédications de Pierre l'Ermite, de saint Bernard, etc.

Prédominance incontestée de la Papauté, qui établit seule un lien entre les innombrables États féodaux et entraîne leurs chefs à la Croisade.

**Causes Politiques.** — Défense de l'Europe féodale, menacée par l'esprit de conquête des musulmans. Lutte aux frontières orientales contre les Slaves et les Tartares.

**Causes Sociales.** — Esprit aventureux de la chevalerie, issue du régime féodal. Besoins nouveaux du commerce. Recherche et exploitation de nouvelles routes commerciales.

### Itinéraires.

Les routes de terre, trop longues, à travers des pays mal connus, surtout en Asie Mineure, font périr une multitude incalculable de Croisés.

Les routes de mer, plus courtes et plus sûres, sont ensuite préférées (influence des républiques marchandes qui prêtent leurs navires, développement des marines).

**Par terre.** — Les trois premières croisades (*Godefroi de Bouillon, Louis VII, Frédéric Barberousse*) prennent les routes de terre : voies naturelles du Danube, des vallées de la Save et de la Maritza ou du Pô. Elles passent par Constantinople.

**Par mer.** — Les Croisés s'embarquent à Gênes (*Philippe Auguste*), à Marseille (*Richard Cœur de Lion*), à Venise (4e croisade), près Aigues-Mortes (*saint Louis*), et se dirigent sur les côtes de Judée (Saint-Jean-d'Acre), d'Égypte (Damiette), de Tunis (8e croisade).

### Création d'États.

Ces États ont été fondés en dehors de toute nationalité européenne et se sont rapidement orientalisés.

Ils se sont développés sous l'influence des républiques marchandes, **Venise, Gênes**, qui possèdent les ports et les îles de la Méditerranée orientale.

**Royaume de Jérusalem** (1099-1291) avec ses annexes variables, **comtés de Tripoli** et **d'Édesse, principauté d'Antioche.**

**Royaume de Chypre** (1191). Hospitaliers à **Chypre** (1291), puis à **Rhodes** (1310-1522).

**Empire latin de Constantinople** (1204-1261), fondé par la 4e croisade, qui renversa l'empire Grec. (**Royaume de Thessalonique, duchés de Nicée et d'Athènes, principauté d'Achaïe, despotat d'Épire**).

L'empire grec se reconstitue bientôt pendant cette période autour de **Nicée**.

**Résultats des Croisades.** — 1° Les Croisades, en tant que lutte contre l'Islamisme, ont limité sa zone d'action à l'Asie, mais elles n'ont pas obtenu le résultat d'abord visé, la délivrance des Saints-Lieux, et n'ont fondé aucun État durable en Orient.

2° Par la consommation effroyable d'hommes qui en résulta, et l'éloignement prolongé des seigneurs féodaux de leurs domaines, elles ont contribué à la ruine du régime féodal et à l'affermissement du pouvoir royal.

3° Mais leur résultat immédiat et le plus important au point de vue européen fut de *remettre l'Europe en contact avec l'Asie*, et de développer le *commerce méditerranéen*. Alors grandissent en puissance et en richesse les républiques marchandes et les ports de commerce.

# FLANDRE, SUISSE, ESPAGNE (XIVe SIÈCLE)

(LIMITES EN 1360)

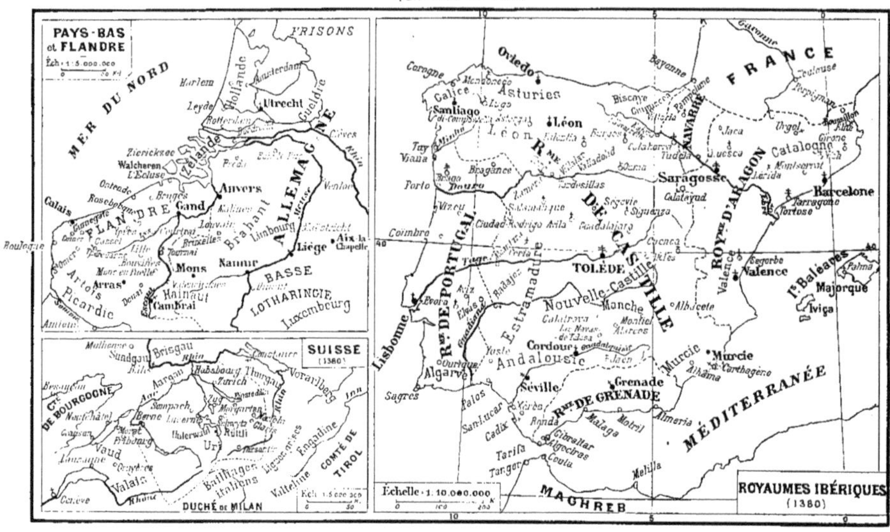


## I — FORMATION DES PAYS-BAS

*Caractère.* — Ces pays ont une tendance à l'union, à cause de l'absence de frontières naturelles, mais ils sont pourtant séparés par un dualisme de race et de langue (wallon celtique, flamand germanique).

Au moyen âge, les Pays-Bas sont divisés en nombreux fiefs: comtés d'**Artois, Hainaut, Namur, Hollande, Zélande, Frise;** duchés de **Brabant, Luxembourg, Limbourg, Gueldre**; seigneuries de **Malines** et **Anvers**; évêchés d'**Utrecht** et **Liège**.

Le **comte de Flandre** est pair laïque du roi de France, le **duc de Basse-Lotharingie** est au contraire vassal du Saint-Empire.

Ces pays sont naturellement disputés entre les rois de France et les empereurs germaniques. En 1185, un comte de Hainaut répond à un empereur d'Allemagne que sa terre doit être **neutre** entre France et Allemagne.

En 1360, tous ces fiefs sont isolés. Ils se grouperont peu à peu, de 1363 à 1473, entre les mains des *ducs de Bourgogne.*

## II. — FORMATION DE LA SUISSE.

*Caractère.* — Extrême morcellement du pays et particularisme local, favorisés par la nature montagneuse du sol. Les nombreux cantons et bailliages sont d'abord rattachés à l'Empire.

L'affranchissement est progressif et commence par les trois cantons : **Uri, Schwiz, Unterwalden.** — Légende de *Guillaume Tell* et des trois conjurés du Grütli (*Arnold de Melchtal, Werner, Walter Fürst*). — **Bataille de Morgarten** (1315). — **Ligue perpétuelle de Brünnen** (1307), à laquelle adhèrent **Lucerne** (1332), **Zurich** et **Glaris** (1351), **Zug** (1352), **Berne** (1358).

Restent encore rattachés à l'Empire, mais par un lien très lâche :

**Aargau, Thurgau, Sundgau** et **Brisgau, Vorarlberg, Ligues grises,** bailliages italiens et valaisans, comtés de **Lausanne** et de **Gruyères,** évêchés de **Genève** et de **Bâle.**

La Suisse prend son nom de **Schwiz,** canton initiateur de la liberté, et devient un État libre.

## III. — FORMATION DE L'ESPAGNE.

*Caractère.* — Pays fédéraliste et catholique, dont l'histoire, de 711 à 1492, n'est qu'une croisade continue. Le recul des musulmans, malgré des retours offensifs, est constant.

### 1° Royaumes chrétiens.

*Pélage* et les débris des Goths se retirent dans les Asturies et continuent la lutte pour l'indépendance (712).

Le **Royaume des Asturies,** augmenté bientôt de la **Galice** et de la **Cantabrie** (739-750), avec **Oviédo,** puis **Léon,** comme capitales, est la tige des royaumes espagnols, qui se forment au fur et à mesure de la conquête. Les chefs, qui luttent aux frontières et gagnent du terrain, ont une tendance à se déclarer indépendants; cette tendance est favorisée par la nature montagneuse du sol.

778-801. Expéditions de Charlemagne. Création des marches d'Espagne, origines du comté de Barcelone et du royaume de Navarre.

831. **Navarre.** — 916. **Léon.** — 1033. **Castille.** — 1035. **Aragon.**

1139. *Henri de Bourgogne* fonde le **royaume de Portugal.**

1230. Réunion momentanée de la Castille et de l'Aragon.

### 2° Royaumes musulmans.

756-1031. **Khalifat autonôme de Cordoue** (*Ommiades*).

1031. Démembrement du Khalifat de Cordoue en royaumes musulmans indépendants et rivaux : **Émirats de Saragosse, Tolède, Séville, Cordoue, Badajoz, royaumes de Valence, Murcie, Grenade.**

Leurs divisions facilitent la croisade espagnole. Les Arabes d'Espagne appellent à leur aide les *Almoravides.*

Les Almoravides en Espagne (1086-1146). (*L'empire des Almoravides, musulmans sahariens, embrasse l'Afrique septentrionale, le Soudan et l'Espagne musulmane.*)

Invasion des *Almohades* (montagnards du Tell), qui ont remplacé les Almoravides en Afrique. Toute l'Espagne chrétienne s'arme. Défaite des Almohades à **Las Navas de Tolosa** (1212). *Cette bataille marque la fin de l'empire musulman d'Espagne.*

En 1360, les musulmans ne possèdent plus que le royaume de Grenade.

# L'EUROPE AU XV^e SIÈCLE. — LES COMMUNES

(LIMITES EN 1380)

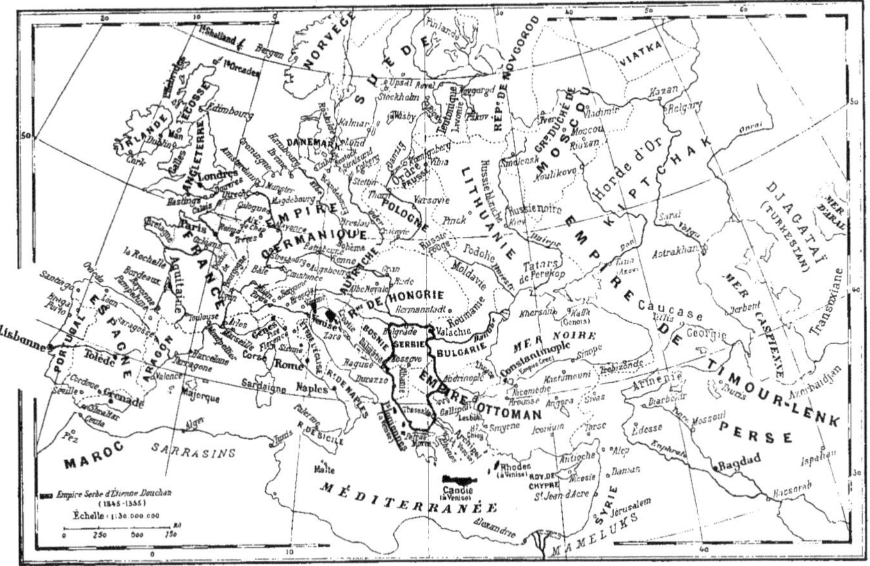


*Caractère général.* — Le XIV^e siècle est marqué par l'affaissement de l'Empire et de la Papauté. — Les classes populaires luttent contre l'anarchie féodale. Formation des *communes*. Les villes affranchies deviennent les égales des seigneuries.

**Iles Britanniques**. — **L'Angleterre** a obtenu : en **1215**, la *Grande Charte*, qui reconnaît les libertés nationales ; en **1258**, son *Parlement*, dans lequel se forme en **1264** la *Chambre des communes* par l'entrée des députés des comtés et de la bourgeoisie. Le Parlement devient au XIV^e siècle le véritable maître du royaume, dont le roi n'est que le gardien.

Le **pays de Galles** a été conquis en **1283**, **l'Irlande** en **1171**.

**L'Écosse** forme encore un royaume à part, avec les Hébrides, Man, les Orcades et les Shetland.

**Empire germanique**. — L'anarchie féodale est combattue par les *ligues* des villes. Dans les villes se concentrent l'autorité municipale et la richesse du pays.

Villes épiscopales : **Bâle, Strasbourg, Spire, Worms, Mayence, Cologne, Trèves** (Allemagne rhénane) ; **Wurtzbourg, Eichstœdt, Bamberg, Ratisbonne, Magdebourg** (Allemagne centrale).

Villes libres et impériales : **Francfort-sur-le-Mein, Aix-la-Chapelle, Constance, Ulm, Augsbourg, Nuremberg**, et dans l'Allemagne du Nord, **Gozlar, Lubeck**.

Villes hanséatiques : **Bruges, Dordrecht, Amsterdam, Groningue, Dortmund, Munster, Osnabruck** (Allemagne rhénane) ; **Brunswick, Gœttingue, Hanovre, Minden, Brême, Hambourg** (Allemagne centrale) ; **Rostock, Stralsund, Stettin, Colberg, Dantzig, Berlin, Francfort-sur-Oder, Breslau** (Allemagne du Nord et de l'Est).

Grands marchés des Hanséates : **Londres, Bergen, Wisby, Kœnigsberg, Riga, Revel, Novgorod**.

**Italie**. — Après avoir été la proie des querelles entre les *Guelfes* (partisans du Pape et de la démocratie) et les *Gibelins* (partisans de l'Empereur et de l'aristocratie), l'Italie est de plus en plus morcelée en petits États et en cités indépendantes (tyrans et podestats.)

Les **États du Pape** au centre, le **royaume de Naples** au sud, sont les principaux États.

Cités lombardes : **Milan, Pavie, Bergame, Brescia, Vérone**. — Cités toscanes : **Florence, Sienne, Lucques**.

Républiques marchandes : **Venise, Gênes, Pise**. Toutes ces villes sont rivales et ennemies.

**Orient**. — **L'Empire d'Orient** est réduit par la conquête turque à Constantinople et à sa banlieue.

**Turcs ottomans**. — Les Turks Seldjoukides, puis Ottomans, se sont emparés peu à peu de l'Asie Mineure, et font tomber à chaque assaut des pans de l'Empire grec : **Gallipoli** (1356) : **Andrinople** (1360) ; la **Macédoine** et la **Thrace** jusqu'aux Balkans (1389).

**Magyars** (*royaume de Saint Étienne*). — Les Magyars occupent la **Hongrie**, avec la **Slavonie**, la **Croatie** et la **Dalmatie**.

**Slaves du Sud**. — **L'empire Serbe** d'*Étienne Douchan* est démembré (1356) : **Bosnie, Serbie, Albanie, Bulgarie**.

**Slaves du Nord**. — **Royaume de Bohême** (Moravie, Silésie, Lusace). — **Royaume de Pologne**. Pendant 12 ans ces deux royaumes sont réunis avec le **grand-duché de Lithuanie**, sous les *Jagellons*.

**Grand-duché de Moscou**. — **République de Novgorod**. — Les Slaves de Russie sont englobés dans la conquête tartare (Horde d'or).

**États du Nord**. — L'*Ordre Teutonique* est maître de la **Prusse**, de la **Livonie** et de l'**Esthonie**.

Les trois États scandinaves, **Danemark, Suède et Norvège**, avec la **Finlande**, vont s'unir momentanément (**union de Calmar, 1397**).

**Conclusion**. — Incessantes fluctuations des frontières politiques des États. Développement des villes.

Attaques de l'Asie contre l'Europe, invasion des Turcs et des Mongols, (reflux des croisades).

La persistance du régime féodal en Occident, les luttes des races en Orient, engendrent un chaos qui s'organise très lentement.

# LA FRANCE AU XV^e SIÈCLE

(COMPARAISON EN 1420, 1453 ET 1483)

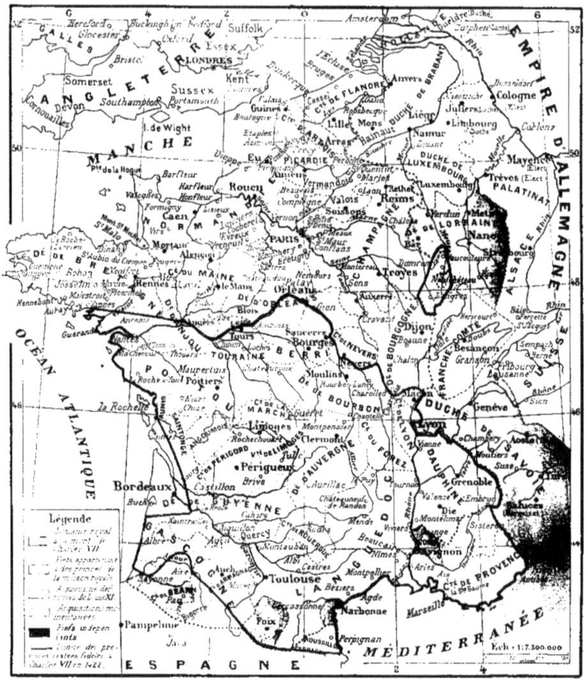

## I. — GUERRE DE CENT ANS

**Causes.** — La guerre de Cent ans est la **résultante** de la rivalité des rois de France et des rois d'Angleterre. Ces derniers possèdent en France, par héritage et par mariage, de grands domaines féodaux, dont ils doivent hommage à leur suzerain, le roi de France. (V. carte 14). De plus, les rois d'Angleterre se prétendent héritiers des Capétiens, contrairement à la loi salique, et revendiquent sur les Valois la succession de la couronne de France.

### Première invasion des Anglais en France (1346-1380).

1346 **Défaite de Crécy.** - Prise de **Calais** (1347).

1356. **Défaite de Poitiers.** Captivité du roi de France *Jean II*. La France est livrée à l'anarchie.

1360. **Traité de Brétigny.** — Le roi d'Angleterre acquiert **en toute souveraineté** les districts de la Manche (Calais et Guines), et la Guyenne avec ses dépendances (Gascogne et Bigorre, Agénois, Quercy, Périgord, Limousin, Saintonge, Poitou). Tout le sud-ouest de la France, entre la Loire et les Pyrénées, est détaché du royaume de France. — De nombreuses villes protestent, les campagnes se soulèvent contre les Anglais.

1370-1380. — *Charles V*, par sa politique et avec l'aide de *du Guesclin*, reconquiert toutes les provinces perdues, sauf Calais, Bordeaux, Bayonne, et les districts environnants.

## II. — LA FRANCE EN 1420

### Les Anglais sont maîtres de la France.

1415 — Nouvelle invasion des Anglais. **Défaite d'Azincourt.**

1420. **Traité de Troyes.** — *Charles VI* abandonne à son gendre, *Henri V* d'Angleterre, le gouvernement de la France.

1422. A la mort de Charles VI, le roi d'Angleterre est maître du Ponthieu, de la Picardie, de l'Ile de France, de la Champagne, de la Normandie, du Maine, de l'Anjou, des pays de Bordeaux et de Bayonne. Son allié, *Philippe le Bon*, duc de Bourgogne, lui assure la soumission de la France du Nord et de l'Est.

*Charles VII* est reconnu au sud de la Loire (sauf Bordeaux et Bayonne), à l'ouest du Rhône, dans le Dauphiné, le Mâconnais, l'Auxerrois et la marche de Champagne, Vaucouleurs, Domrémy). **Bourges** est sa capitale.

## III. — LA FRANCE EN 1453

### Charles VII expulse les Anglais.

Le roi de Bourges représente la nation.

*Éveil du sentiment de la Patrie française avec* **Jeanne Darc**.

1429. Délivrance d'Orléans, sacre de Reims.

1430. Soumission de la Champagne et d'une partie de l'Ile de France.

1435. **Traité d'Arras.** — Charles VII à Paris (1436).

1439-1443. Prises de Meaux, de Pontoise, de Dieppe.

1444. Trêve de Tours. Le Maine et l'Anjou sont recouvrés.

1450. **Bataille de Formigny.** Conquête de la **Normandie**.

1453. **Bataille de Castillon.** Conquête de la **Guyenne**. Les Anglais ne gardent plus que Calais.

## IV. — LA FRANCE EN 1483

### 1° Formation de la maison de Bourgogne.

Tige : *Philippe le Hardi*, duc de Bourgogne (1363).

Il épouse Marguerite de Flandre (1369) et reçoit de Charles V Lille, Douai, Orchies.

1384. Héritage de Louis de Male, comte de Flandre.

1428-1433. *Philippe le Bon* achète le comté de Namur et hérite du reste des Pays-Bas.

1435. Le traité d'Arras donne aux ducs de Bourgogne Mâcon, Auxerre, Boulogne, le Ponthieu, le Vermandois et les villes de la Somme.

1443. Acquisition du duché du Luxembourg.

1473-75. L'Alsace est achetée à un Habsbourg. Annexion de Gueldre, Zutphen et Lorraine. *Charles le Téméraire* tend à ériger ses États en royaume de Gaule-Belgique.

### 2° Louis XI dépouille la féodalité princière.

1465. **Roussillon.** — 1471. Villes de la Somme.

1475. **Nemours, Armagnac** et **Albret.**

1477. A la mort de Charles le Téméraire, réunion de la **Bourgogne, Franche-Comté, Artois.**

1481. Réunion de l'**Anjou**, du **Maine** et de la **Provence.**

**Conclusion.** — La guerre de Cent ans a été un arrêt dans la formation de l'unité française. Mais elle a été suivie de la ruine de la féodalité. En 1483, le royaume de France et la nation française sont définitivement constitués.

# L'EUROPE AU XV<sup></sup>e SIÈCLE. — LES MONARCHIES MODERNES

(LIMITES DES ÉTATS EN 1492)

*Caractère général.* — Le XVe siècle est le siècle de la formation des monarchies modernes par la destruction de la féodalité.

**Iles Britanniques.**
Toujours deux royaumes : **Angleterre** (avec Pays de Galles et Irlande). **Écosse.**
1455-1485. La guerre des Deux Roses ruine l'aristocratie. — 1485. Premiers établissements coloniaux. Les *Tudors*.

**Italie.**
Mouvement de concentration : les cités municipales, dominées par les podestats, s'agglomèrent en principautés.
1° Italie du Nord : ducs de **Savoie** et de **Milan** ; républiques de **Venise** et de **Gênes**; **Montferrat**, **Mantoue**, **Ferrare.**
2° Italie du Centre et du Sud : république de **Florence; États pontificaux ;** royaume de **Naples** et îles.

**Allemagne.**
Concentration des seigneuries féodales et des villes en États. — **Les sept Électorats.** (Bulle d'or, 1356.)
1440-93. *Frédéric III* constitue la **monarchie autrichienne** : Styrie, Carinthie, Carniole, Frioul (1463) ; Souabe, Alsace, Tirol (1489) ; Göritz et Gradisca (1500).
1415. Les *Hohenzollern* deviennent margraves de **Brandebourg.**

**Empire Ottoman.**
S'étend sur toute la péninsule des Balkans. — 1453. Chute de l'Empire grec. **Prise de Constantinople.**
Conquêtes des Turcs : Péloponèse (1462), Eubée (1470), Albanie (1478), Bosnie et Herzégovine (1463-1483). Valachie, Moldavie, Bessarabie et Jédisan (1476-1497), Trébizonde (1461).
Les chrétiens se maintiennent : dans le **Monténégro**, qui est indépendant ; dans les ports du Péloponèse ; dans les îles Ioniennes et de la mer Égée, qui sont aux Vénitiens.

**Hongrie.**
*Jean Hunyade*, *Mathias Corvin*. Les **rois de Hongrie** ont essayé de s'étendre vers le Nord, et ont oublié les vrais intérêts de la Hongrie, du côté de la Dalmatie et de la Péninsule des Balkans. Luttes contre les Turcs.

**Russie.**
Ivan III (1462-1505). La **Russie** moderne : conquête de Novgorod, Tver, d'une partie de la Lithuanie.
1487. La Russie s'affranchit de la suzeraineté des Mongols de la Horde d'or. — 1499. L'Oural franchi.

**Pologne.**
1401, Cujavie et Mazovie ; 1411, Samogitie ; 1466, Pomérélie, Prusse polonaise et Warmie, enlevées aux chevaliers teutoniques. — 1377, Russie rouge enlevée à la Hongrie.
1490, *Vladislas Jagellon* est roi de **Pologne**, de **Bohême** et de **Hongrie.**

**Europe septentr.**
Nouvelle union scandinave. — 1448. Christian Ier d'Oldenbourg, roi de **Norvège** (1450), de **Suède** (1458), duc de **Sleswig** et **Holstein** (1460).

**Conclusion.** — L'Europe moderne se constitue en États distincts et prend sa forme définitive.

# LE MONDE AU XVIe SIÈCLE

(LES DÉCOUVERTES JUSQU'EN 1600)

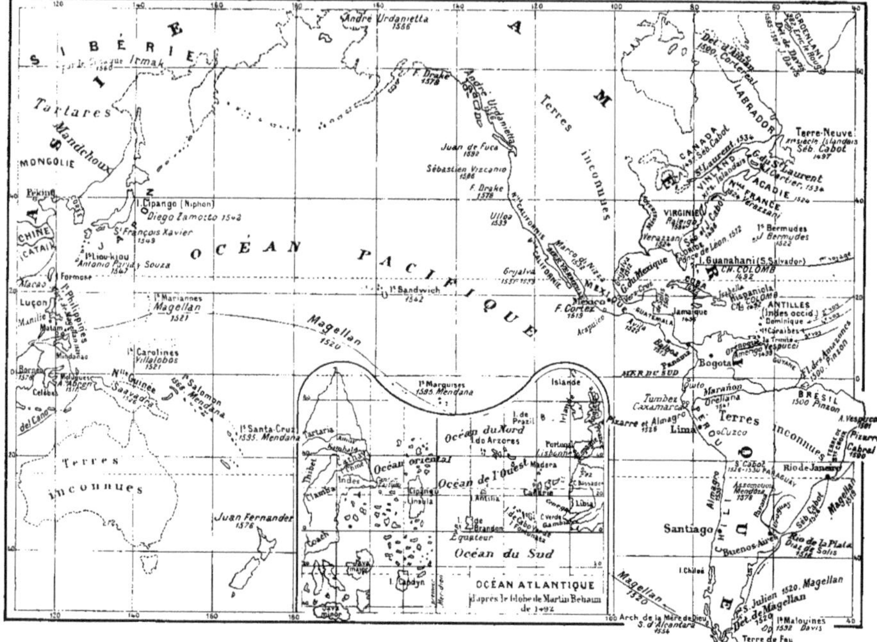


**Causes des grandes découvertes.** — Au xve siècle, on admet généralement que *la Terre est ronde*, et par suite, qu'il est possible, en se dirigeant constamment à l'ouest à travers l'océan Atlantique, d'atteindre les **Indes**, c'est-à-dire les pays de la **Chine** (*Cathay*), du **Japon** (*Cipangu*), des **Aromates** (*Arabie*), de l'**Abyssinie** (*royaume du Prêtre Jean*).

Le goût des aventures chez les chevaliers, l'ardeur du sentiment religieux chez les missionnaires, la recherche de l'or et des épices chez les commerçants, sont les principaux mobiles des découvertes. — Les Espagnols et les Portugais, par suite de l'avantage de leur situation géographique, ont les premiers l'honneur et le profit des grandes découvertes ; ils sont aidés au début par les marins italiens.

**Itinéraires.** — Sur l'étendue de l'océan Atlantique deux routes sont ouvertes aux navigateurs :

**La route de l'Ouest**, au large, sans autres points de repère que des îles lointaines, vaguement indiquées sur les cartes du moyen âge.
**La route du Sud et de l'Est**, le long des côtes occidentales de l'Afrique et vers l'Inde ;

Les *Espagnols, entraînés par Colomb*, prennent la route de l'Ouest ;

Les *Portugais, en contact avec l'Afrique*, dirigent leurs navires vers le Sud et l'Est.

Dès 1493, une bulle du Pape, confirmée par le **traité de Tordesillas**, divise théoriquement le monde inconnu entre les Espagnols et les Portugais par un méridien passant à 6° 10′ ouest des Açores.

**Résultats particuliers.** — Les Empires coloniaux, fondés au xvie siècle par les Espagnols et les Portugais, eurent un caractère commun : *ils ne constituèrent pas des États nouveaux*, en civilisant et assimilant les races autochtones. Ils ne furent en somme qu'une *conquête*, suivie de l'*exploitation* très âpre des pays découverts. Aussi leur décadence fut rapide

L'**Empire colonial espagnol** porte la double marque d'une *exploitation* minière et d'un *prosélytisme* religieux, aussi impitoyables l'un que l'autre. La religion et la langue espagnoles, introduites de force, transformèrent l'état social de l'Amérique du Centre et du Sud, mais les procédés de gouvernement entravèrent et arrêtèrent même le développement politique et économique de ces pays.

L'**Empire colonial portugais**, essentiellement maritime, ne pénétra guère au delà des côtes. Ce ne fut qu'une *vaste entreprise commerciale*. Il lutta d'abord avec succès contre les Arabes, seuls intermédiaires jusque-là du commerce des Indes avec Venise, mais cet empire devait passer fatalement à des nations plus aptes au commerce et mieux organisées que les Portugais : les Hollandais, les Français, les Anglais.

**Résultats généraux.** — Les routes commerciales sont déplacées vers l'Atlantique. Progrès des ports de l'Océan. Décadence des villes méditerranéennes, Gênes, Venise. La Méditerranée passe aux mains des Turcs et des pirates barbaresques.

*Développement du commerce*. Les épices et les métaux précieux sont importés directement et affluent en Europe.

Les richesses apportées du Nouveau Monde et des Indes, et le *rapide accroissement de la fortune privée*, qui en résulte, modifient brusquement la situation économique et morale de l'Europe.

La **découverte de l'Amérique**, coïncidant avec la **découverte de l'imprimerie**, amène rapidement une révolution à la fois politique et religieuse, qui détermine de longues luttes en l'Europe et transforme la constitution des États.

# LE MONDE AU XVIe SIÈCLE

(LES DÉCOUVERTES JUSQU'EN 1600)

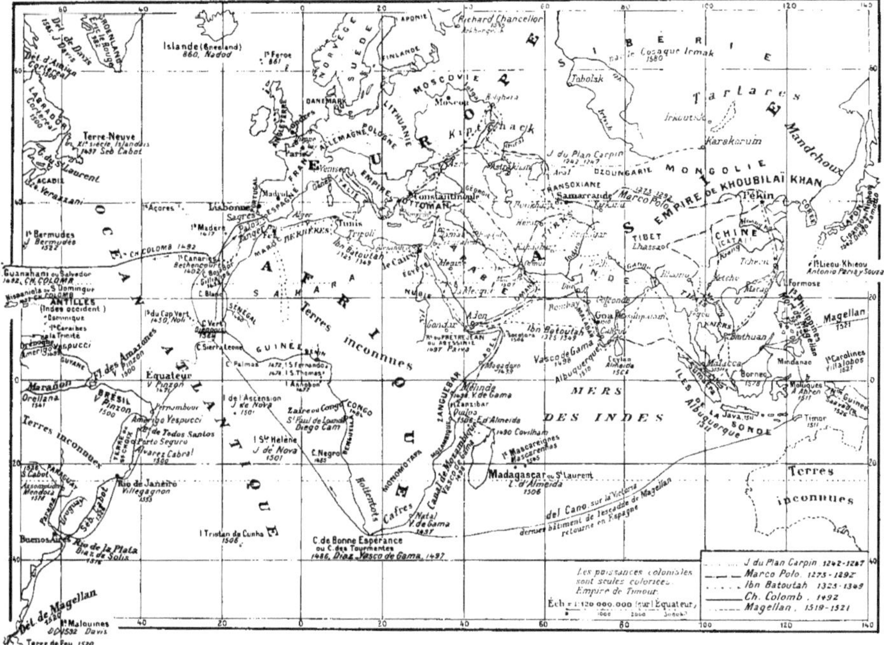


## L'ORIENT — LA ROUTE DES INDES PAR L'EST | L'OCCIDENT — LA ROUTE DES INDES PAR L'OUEST

### Les Précurseurs.

Antiquité : Phéniciens et Carthaginois (*Néchao* et *Hannon*).

Moyen Age : Voyages de *Plan de Carpin* (1242-1247), de *Raysbrouk* (1253-1261), de *Marco Polo* (1275-1292), et d'*Ibn Batuta*.

Les Northmann (Normands) : Islande (*Nadod*, 861) ; Groënland (*Éric le Rouge*, 982); Vinland (dr. du St-Laurent), XIe siècle.

Basques et Bretons, pêcheurs de morue : Iles Bacaleos (**Terre Neuve**).

### Les grands Navigateurs.

*Jean de Béthencourt* aux **Canaries** (1402-1406).

Les marins dieppois sur la côte de **Guinée** et au **Sénégal**.

1412-1471. Les Portugais reconnaissent et occupent **Madère**, les **Canaries**, le **Cap Vert**, les côtes de **Guinée** et du **Congo**.

1484-86. *Barthélémy Diaz* reconnaît le cap des Tempêtes (**cap de Bonne-Espérance**).

1486. *Corilham* va aux **Indes** par l'Égypte, la mer Rouge et **Aden**, et séjourne en Abyssinie.

1497-99. *Vasco de Gama* aborde à **Calicut**.

1500. *Cabral*, après avoir touché au Brésil, aborde aux Indes et reconnaît les côtes de **Malabar**.

1492. *Christophe Colomb* aborde à **Guanahani**, archipel de Bahama. — 1492-1506. Les quatre voyages de Colomb. Reconnaissance des Antilles et de la côte orientale de l'Amérique centrale.

*Colomb croit avoir atteint le Japon et meurt dans cette conviction.*

1497. *Sébastien Cabot*, Français au service de l'Angleterre, remonte l'estuaire du Saint-Laurent.

1499. *Amérigo Vespucci* aborde au **Vénézuela**.

1500. *Alvarez Cabral* au **Brésil**.

1513. *Balboa* traverse l'isthme de **Darrien** et voit le **Grand Océan**.

1516. *Diaz de Solis* remonte la **Plata**.

1519-1522. Premier voyage autour du monde. — *Magellan* relie les découvertes des Espagnols avec celles des Portugais.

### Les Conquérants.

1505-1571. *Vasco de Gama*, *Almeïda*, *Albuquerque*, *da Cûnha*, *Juan de Castro*, *d'Ataïde*, grands vice-rois et conquérants des Indes. — Occupation des côtes de l'Afrique et de l'Inde.

1510. Prise de **Goa**, qui devient la capitale de l'empire portugais. — Comptoirs à **Aden**, **Ormuz**, **Ceylan**, **Malacca** et aux **Moluques**.

1519-1521. *Fernand Cortez* conquiert le **Mexique** et détruit l'empire des Astèques.

1532-1535. *Pizarre* conquiert le **Pérou** (empire des Incas).

1537. *Almagro* conquiert le **Chili**.

1500-1825. Les Portugais occupent les côtes du Brésil.

**Conclusion.** — Les Portugais et les Espagnols sont maîtres de l'Afrique, des Indes et de l'Amérique du Sud et centrale. Leurs tentatives pour s'établir dans l'Amérique du Nord ne réussissent pas; leur tempérament et le climat les en éloignent. Ce sont les Français qui y abordent et s'y établissent les premiers : 1523, *Verazzani* à **Terre-Neuve** et en **Acadie** ; 1534, *Jacques Cartier* au **Canada** (Nouvelle France).

# L'ITALIE AU XVe SIÈCLE. — LA RENAISSANCE

(LIMITES EN 1492)

## I. — FORMATION DE L'ITALIE

Aux temps les plus reculés, l'Italie était déjà divisée en de nombreux petits peuples latins, grecs et gaulois.

La domination romaine unifia politiquement la péninsule, mais avec la décadence de l'Empire romain et l'invasion des barbares, l'Italie se désagrégea de nouveau.

Le relief de son sol, qui détermine de nombreux *compartiments*, l'absence de grandes voies de liaison, et sa disposition toute en longueur expliquent ses morcellements politiques.

De plus, la richesse des plaines du Pô, la douceur du climat, et surtout la belle situation de l'Italie, au centre de la Méditerranée, en ont toujours fait un objet de convoitise pour les États voisins, aussi a-t-elle été de tout temps un champ de bataille européen.

Au moyen âge, le **royaume d'Italie**, issu du démembrement de l'empire de Charlemagne, comprenait l'ancien royaume des Lombards avec **Rome, l'exarchat de Ravenne** et la **pentapole de Rimini**. Le **royaume de Naples** et **Venise** se rattachèrent longtemps à l'empire d'Orient.

Les empereurs allemands poursuivirent pendant deux siècles la conquête de l'Italie. Ils échouèrent devant la résistance des Papes, qui opérèrent la fédération momentanée des peuples italiens contre l'étranger.

A la mort de Frédéric II (1250), toute l'Italie du Nord et du Centre s'émietta en de nombreux États. Plusieurs villes se constituèrent en républiques; puis des tyrans s'installèrent sous le nom de *podestats*, firent souche de princes et, groupant ensemble les cités voisines, en formèrent des *principautés*.

## II — L'ITALIE EN 1492

| | |
|---|---|
| **1° Savoie et Montferrat.** | Les *ducs de Savoie* sont maîtres de la **Savoie** (avec le Bugey et Genève), de **Nice** et du **Piémont**. Les *marquis de Montferrat* ont régné à Thessalonique, et un *Paléologue* devient marquis de Montferrat (1306). |
| **2° Milanais.** | 1310-1347. Formation du **duché de Milan** par les *Visconti*. 1450-1535. Démembrement sous les *Sforza*. Revendications de Louis XII et de François Ier. |
| **3° République de Venise.** | Outre la Vénétie, la République possède en Italie : Vérone, Bergame, Brescia, Crème, Crémone et Ravenne. Puissance maritime. |
| **4° États secondaires.** | La **république de Gênes** possède la **Corse**. La *maison de Gonzague* règne à Mantoue. La *maison d'Este* à Ferrare, Modène, Reggio. |
| **5° Toscane.** | Partagée en **républiques de Lucques, de Florence** (avec Pise), **de Sienne**. Progrès de Florence sous les *Médicis* (1434-1569). |
| **6° États pontificaux.** | Très divisés entre les Bentivogli de Bologne, les Baglioni de Pérouse, les Este de Ferrare, les Malatesta de Rimini, les Montefeltri d'Urbin, etc. |
| **7° Royaume de Naples.** | *Maison d'Anjou* (1266). — *Maison d'Aragon* (1435). |

## III. — GUERRES D'ITALIE (1494-1559)

Ce sont des *guerres de magnificence* aussi brillantes qu'inutiles, entreprises par quatre de nos rois, mais qui révèlent déjà l'importance de l'équilibre européen. (Voir Europe de Charles-Quint.)

La France, l'Espagne et l'Allemagne se disputent l'Italie.

*Charles VIII* conquiert et perd en deux ans le royaume de Naples (1494-96). — Bataille de Fornoue (1495).

*Louis XII* s'empare du Milanais (1499) et le perd après la **bataille de Ravenne** (1512).

*François Ier* reprend le Milanais. Au cours de sa longue rivalité avec Charles-Quint, il est vaincu et fait prisonnier à **Pavie** (1525); mais il garde l'honneur d'avoir défendu contre les prétentions de Charles-Quint à la domination universelle l'indépendance de la France et celle de l'Europe.

Le **Traité de Cateau-Cambrésis** (1559) met fin aux guerres d'Italie. Nos rois ont lâché la proie pour l'ombre en recherchant de chimériques agrandissements en Italie au lieu de continuer vers le Rhin l'extension naturelle du territoire français.

L'Italie devient espagnole. *Philippe II* est duc de Milan et roi de Naples, avec la Sicile, la Sardaigne et les présides de Toscane. Parme et Plaisance (1515), Ravenne (1530), passent sous la domination pontificale. Sienne est annexée à l'État florentin (1557), et les Médicis deviennent grands-ducs de Toscane (1569).

**Conclusion.** L'Italie n'est encore ni un État, ni une nation; elle reste « une expression géographique ». Cependant l'unité de race, de langue et de religion prépare de loin l'unité politique.

# L'EUROPE AU XVIe SIÈCLE

(L'EMPIRE DE CHARLES-QUINT A SA MORT)

La constitution de l'**Empire de Charles-Quint** est l'application la plus remarquable de l'ancienne théorie politique du moyen âge. Les États et les peuples sont considérés comme le patrimoine de leur souverain, le bien privé d'une famille régnante.

## FORMATION DE LA MAISON D'AUTRICHE

La maison d'Autriche ou de Habsbourg doit sa fortune à la politique des mariages et au hasard des successions (1477-1500).

1477. *Marie de Bourgogne*, héritière de Charles le Téméraire, épouse *Maximilien*, chef de la maison d'Autriche, et lui apporte les **Pays-Bas.**

1493. Maximilien épouse en 2[es] noces *Blanche Sforza*, qui lui donne des droits sur le **Milanais.**

1496. *Philippe le Beau*, fils de Maximilien et de Marie, épouse *Jeanne la Folle*, fille de *Ferdinand d'Aragon* et d'*Isabelle de Castille*.

1500 *Ferdinand de Habsbourg*, 2e fils de Maximilien, épouse *Anne Jagellon*, héritière de la **Bohême** et de la **Hongrie**.

1500-1516. *Ferdinand le Catholique*, après la mort d'Isabelle de Castille, réunit l'**Espagne** entière (moins le Portugal).

1500-1506. Il s'empare du **royaume de Naples,** avec la **Sardaigne** et la **Sicile.**

## EMPIRE DE CHARLES-QUINT (1519-1558.)

**1°. — Héritages de Charles-Quint.**

(Charles-Quint est fils de Philippe le Beau et de Jeanne la Folle.)

1504. A la mort de son père : **Pays-Bas. Franche-Comté,** droits sur la **Bourgogne;**

1516. A la mort de Ferdinand le Catholique : **Espagne, Naples** et autres **possessions espagnoles** en Italie et hors d'Europe.

1519. A la mort de Maximilien : les **domaines héréditaires des Habsbourg.**

*Il est élu empereur d'Allemagne.*

**2°. — Conquêtes de Charles-Quint.**

1531. **Tunis ;** 1535. Le **Milanais ;**

1519-1537. Le **Nouveau-Monde** (Mexique, Amérique centrale, Pérou, Chili, la Plata).

**Abdication de Charles-Quint** (1556). Son empire, trop vaste et sans cohésion, se démembre en : **monarchie espagnole** à *Philippe II*, son fils; et **monarchie autrichienne** à *Ferdinand*, son frère, déjà roi de Bohême et de Hongrie, qui est élu *empereur.*

## LES ENNEMIS DE CHARLES-QUINT

La France, **ennemie politique,** lutte pour se défendre contre la *suprématie universelle, rêvée par Charles-Quint. François Ier* garde la Bourgogne (1529) et s'allie aux protestants.

Henri II occupe les **trois Evêchés** (1552) et Calais (1558). La résistance de la France a brisé les prétentions de Charles-Quint.

Les Turcs, **ennemis religieux,** font de nouvelles conquêtes sous *Soliman II*. Ils attaquent incessamment les États Autrichiens. *Alliance de Soliman et de François Ier.*

1526. **Bataille de Mohacz.**

La **Transylvanie** et une partie de la **Hongrie** sont tributaires des Turcs.

1530. Charles-Quint établit à **Malte** les chevaliers de Saint-Jean, expulsés de **Rhodes**.

Les marines chrétiennes et musulmanes luttent dans la Méditerranée. Expéditions de Charles-Quint sur les côtes barbaresques (prise de Tunis, désastre d'Alger (1535-1541).

**Conclusion.** — Le danger, causé par l'excès de puissance de Charles-Quint et des maisons d'Espagne et d'Autriche, donne naissance à la *politique de l'équilibre européen*, dont la France a l'initiative.

# LA FRANCE AU XVII<sup>e</sup> SIÈCLE

(COMPARAISON EN 1610, 1642 ET 1697)

**La royauté aux XVI<sup>e</sup> et XVII<sup>e</sup> siècles.**

Apogée de la politique traditionnelle de la royauté, rassemblant le sol français et fondant l'unité nationale.

1° A l'intérieur :

La France achève de passer de l'état féodal à l'état monarchique et à l'unité politique par l'annexion de tous les fiefs encore subsistants.

Richelieu, véritable continuateur de Louis XI, brise les dernières oppositions de la noblesse et achève de détruire les libertés locales. La centralisation administrative est créée. L'autorité royale devient absolue.

2° A l'extérieur :

La France défend l'équilibre européen menacé par l'excès de puissance de la maison d'Autriche. Elle enrôle sous son patronage tous les États secondaires.

Elle cherche à conquérir les frontières de l'ancienne Gaule (le Rhin, les Alpes et les Pyrénées, frontières naturelles).

Mais l'orgueil de Louis XIV commence à retourner contre la France les coalitions formées auparavant contre les Habsbourg. Cependant Louis XIV garde encore la prédominance en Europe, et le XVII<sup>e</sup> siècle mérite d'être appelé le *siècle de Louis XIV*.

I. — LA FRANCE EN 1610

**Les** Guerres d'Italie coûtent à la France le **Roussillon**, rendu au roi d'Aragon ; l'**Artois** et la **Flandre**, enlevés à la suzeraineté du roi de France (1493).

**Les** Guerres de religion retardent le progrès de près d'un siècle.

**Annexions féodales.** — Le double mariage d'Anne de Bretagne avec *Charles VIII* et avec *Louis XII* prépare l'annexion définitive de la **Bretagne** (1532).

**1523-1527.** Confiscation des domaines du connétable de Bourbon : **Bourbonnais, Marche, Auvergne, Forez, Dombes, Clermont.**

**Apports royaux.** — 1° **Angoumois** et **Valois**, patrimoines de *François I<sup>er</sup>* (1515) ; 2° **Béarn, Basse-Navarre, Albret, Armagnac, Foix, Périgord** et **Limousin**, patrimoine de *Henri IV* (1589).

**Extension de frontières.** — 1° *Henri II* enlève aux Allemands les Trois Évêchés : **Metz, Toul** et **Verdun** (1552), et aux Anglais **Calais** (1558).

2° *Henri IV* échange le marquisat de Saluces contre la **Bresse**, le **Bugey**, le **Valromey** et le pays de **Gex** (1601).

II. — LA FRANCE EN 1642

L'unité territoriale est presque achevée ; la France recherche surtout des extensions de frontière. *Richelieu* conquiert quatre provinces sans avoir le temps de les annexer : la Lorraine (1633) ; l'Artois (1637-40) ; l'Alsace (1638-40) ; le Roussillon (1640-42).

**Le traité de Cherasco** (1631) donne à la France Suze et Pignerol.

III. — LA FRANCE EN 1697

**1°. — Consécration des conquêtes de Richelieu.**

1° **Traité de Munster** (1648). — Cession de l'**Alsace** (moins Strasbourg) avec les **Trois Évêchés**.

2° **Traité des Pyrénées** (1659). — Cession du **Roussillon** (avec la Cerdagne) et de l'**Artois** (avec quelques places de la Flandre, du Hainaut et du Luxembourg).

**2°. — Conquêtes personnelles de Louis XIV.**

1° **Traité de Londres** (1662). Rachat de Dunkerque et Mardyck.

2° **Traité d'Aix-la-Chapelle** (1668). — Cession de Lille et de quelques villes de la Flandre.

3° **Traité de Nimègue** (1678-79). — Restitution aux Pays-Bas des positions avancées : Ath, Bitche, Courtrai, Oudenarde, Charleroy, Gand.

Constitution de la frontière actuelle (v. carte n<sup>os</sup> 26 et 48).

Acquisition de Cambrai, Bouchain, Valenciennes, Condé, Aire, Saint-Omer, Ypres, Cassel, Maubeuge, Charlemont, Dinant.

Acquisition de la **Franche-Comté**.

4° **Chambres de réunions** (1679-1681). — Montbéliard et Blamont, Deux-Ponts, Sarrebourg, Sarrelouis, Pont-à-Mousson, etc.

Occupation de **Strasbourg** et de Casal (1681).

**1684. La Trêve de Ratisbonne** consacre toutes ces conquêtes, avec, en outre, Oudenarde et Luxembourg.

5° **Traité de Ryswick** (1697). — Louis XIV rend la Lorraine, Pignerol, Fribourg, Luxembourg. Des villes réunies de 1679 à 1681, il ne garde que Strasbourg.

**Conclusion.** — Sauf la Lorraine, la France a acquis ses limites de 1789.

# L'EUROPE AU XVIIe SIÈCLE

(LIMITES DES ÉTATS EN 1660)

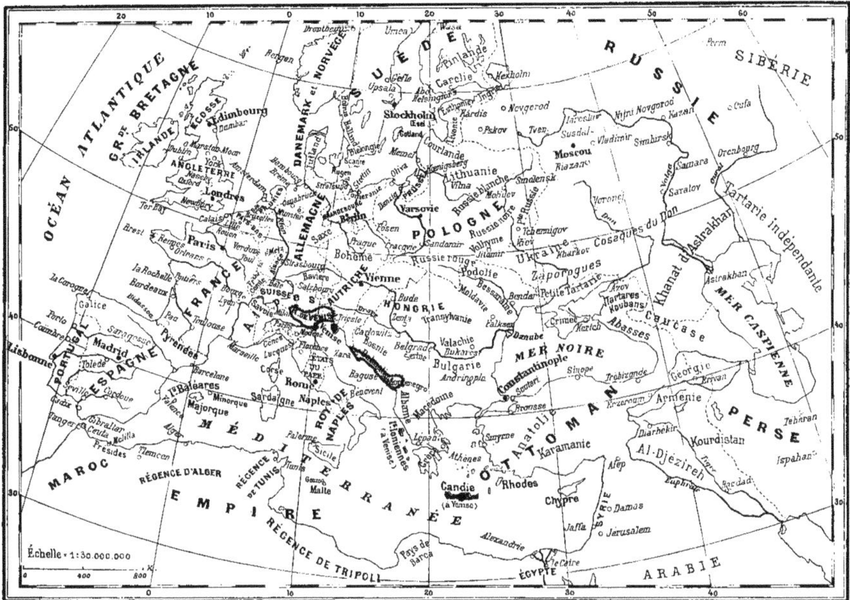


**Caractère général** : De 1556 à 1660, la maison d'Autriche-Espagne (*Habsbourg*) perd la prépondérance en Europe.

## I. — PUISSANCE DE LA MAISON DE HABSBOURG

La branche autrichienne possède :

1° les **États héréditaires** (haute et basse Autriche, Styrie, Carinthie, Carniole, Istrie, Tirol, Lusace, Alsace et Brisgau);

2° les **Royaumes de Bohême** (avec Moravie et Silésie), et de **Hongrie**.

La branche espagnole possède :

1° l'**Espagne**, avec le **Portugal** et les domaines coloniaux espagnols et portugais;

2° en Italie : la **Sardaigne**, la **Sicile**, **Naples**, le **Milanais**, les **présides de Toscane**;

3° en France : le **Roussillon**, la **Franche-Comté**, l'**Artois**, les **Flandres**;

4° les **Pays-Bas**.

Les Habsbourg, en Allemagne et en Espagne, tendent à constituer l'unité politique et religieuse et à exercer le pouvoir absolu. La maison d'Autriche essaie de transformer l'Empire électif en monarchie héréditaire.

Les deux groupes d'États, autrichiens et espagnols, communiquent : sur le Rhin, par le **Luxembourg** et l'**Alsace**; dans la vallée du Danube, par la **Valteline** et le **Tirol**.

Ils enveloppent la France isolée.

## II. — LUTTES CONTRE LA MAISON DE HABSBOURG

La **guerre de Trente ans** (1618-1648) clôt les guerres religieuses des XVIe et XVIIe siècles. Elle a un triple caractère :

**Religieux.** — Lutte des protestants contre les catholiques en Allemagne.

**Politique.** — Lutte d'indépendance des princes allemands contre l'Empereur.

**Européen.** — Lutte de la France et de ses alliés (Danemark, Suède, princes allemands, Savoie), contre la maison d'Autriche-Espagne.

*Henri IV* indiqua le danger que courait la France en face de la puissance croissante des Habsbourg.

*Richelieu* prit comme objectif de sa politique extérieure l'abaissement de la maison d'Autriche et *l'extension de la France vers ses frontières naturelles* (Rhin, Alpes, Pyrénées).

*Mazarin* acheva l'œuvre par les traités.

Les alliés de la France avaient aussi des intérêts territoriaux à satisfaire :

Le **Danemark**, du côté du Weser;

La **Suède**, vers les côtes allemandes et russes de la Baltique.

## III. — LES TRAITÉS

1648. **Traités de Westphalie** (fin de la guerre avec l'Autriche).

La France gagne l'**Alsace**, moins Strasbourg.

La Suède obtient la **Poméranie occid**[ale], les îles Rugen, Wollin, **Stettin** et les **bouches de l'Oder**, **Brême**, **Verden** et **Wismar**.

L'indépendance des **Provinces-unies** (**Hollande**) et de la **Suisse** est reconnue.

L'Électeur de **Brandebourg**, déjà maître par héritage de la **Prusse** (1618), reçoit la **Poméranie orientale**, et tend à la royauté.

1659. — **Traité des Pyrénées** (fin de la guerre avec l'Espagne).

La France garde le **Roussillon**, l'**Artois**, des places dans les Pays-Bas (Belgique et Luxembourg), et provisoirement la Lorraine.

1660-61. **Traités de Copenhague**, **d'Oliva et de Kardis**. — La Suède acquiert :

Sur le Danemark : le Bohus, le Halland, la Scanie, la Blékingie, Gothland, Œsel;

Sur la Pologne : l'**Esthonie**, la **Livonie** ;

Sur la Russie : l'**Ingrie**, la **Carélie**.

Les succès de la Suède s'expliquent parce qu'elle possède une *armée nationale*, supérieure en qualité aux mercenaires des autres armées.

**Conclusion.** — Suprématie de la **France** dans l'Europe occidentale, de la **Suède** dans l'Europe orientale.

L'**Empire ottoman** tient encore la plus grande partie de la Hongrie et la mer Noire, avec la Péninsule des Balkans et l'Asie mineure.

Commencement du déclin de la **Pologne**, qui lutte contre la **Russie** moscovite.

Effort constant de la royauté et des hommes d'État pour donner à la France les frontières de l'ancienne Gaule (Rhin, Alpes, Pyrénées).

## I. — FRONTIÈRE DU NORD

Cette frontière est la plus vulnérable et la plus changeante. Elle est commune avec les Pays-Bas (**Belgique**), qui appartiennent aux Espagnols jusqu'en **1714**, et plus tard aux Autrichiens. La Hollande forme la république des **Provinces-Unies**, reconnue depuis **1648**.

Toutes les guerres avec l'Espagne et avec la Hollande modifient cette frontière.

**1659. Traité des Pyrénées.** — Annexion de l'**Artois** (moins Aire et Saint-Omer) et des villes : Gravelines et Bourbourg (Flandre); Le Quesnoy, Avesnes, Landrecies, Philippeville et Marienbourg (Hainaut); Thionville, Montmédy, Damvillers, Ivoy (Luxembourg).

**1668. Traité d'Aix-la-Chapelle.** — Annexion de Douai, Lille, Armentières, Bergues, Furnes, Courtrai, Oudenarde, Ath, Binche, Tournai, Charleroi.

**1678. Traité de Nimègue.** — Acquisition de Cambrai, Bouchain, Valenciennes, Condé, Aire, Saint-Omer, Ypres, Cassel, Maubeuge.

**Restitutions.** — 1° en 1678 : des positions avancées : Ath, Binche, Courtrai, Oudenarde, Charleroi;

2° en 1697 : de Bouvines, Beaumont, Chimay, Chiny, Luxembourg, annexés par les Chambres de réunion;

3° en 1713 : de Furnes, Ypres, Menin, Tournai, destinés à la Barrière hollandaise.

## II. — FRONTIÈRE DE L'EST

Cette frontière est commune avec l'empire d'Allemagne et la Confédération des cantons suisses (neutralisée depuis 1648).

**1648. Traité de Munster.** — Acquisition définitive des **Trois évêchés** (Metz, Toul, Verdun), de l'**Alsace** (moins Strasbourg et Mulhouse), avec les têtes de pont de Brisach et de Philippsbourg.

**1678. Traité de Nimègue.** — Acquisition de la **Franche-Comté**. Philippsbourg échangé contre Fribourg, qui est perdu en 1697.

**1697. Traité de Ryswick.** — Annexion définitive de **Strasbourg**, occupé en 1681. — Restitution de la Lorraine.

1633-1766. — La **Lorraine**, occupée presque continuellement de 1633 à 1697, est donnée à *Stanislas Leczinski*, roi détrôné de Pologne, au troisième **traité de Vienne** (1738), et annexée définitivement à sa mort (1766).

## III. — FRONTIÈRE DU SUD-EST

La maison de Savoie possède les deux revers des Alpes (situation anormale). Elle perd sur le versant français, mais s'agrandit en Italie.

**1601. Traité de Lyon.** — Henri IV échange contre le marquisat de Saluces la **Bresse**, le **Bugey**, le **Valromey** et **Gex**.

**1631. Traité de Cherasco.** — Occupation de Pignerol et de Casal (1681), restitués en 1696 par le **traité de Turin**.

**1713. Traité d'Utrecht.** — Échange de la vallée de Barcelonnette contre les vallées d'Exilles, de Fénestrelles et de Château-Dauphin.

**1769.** L'acquisition de la **Corse** constitue la France moderne, telle qu'elle était à l'époque de la Révolution française.

# L'EUROPE AU XVIIIe SIÈCLE

(LIMITES DES ÉTATS EN 1720)

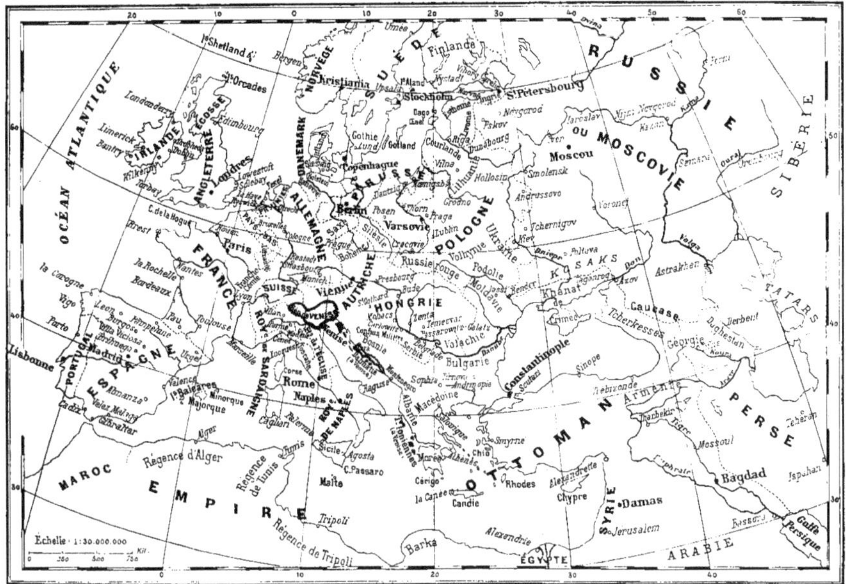


L'ambition excessive de Louis XIV et les folles entreprises de Charles XII font perdre à la France et à la Suède leur prépondérance.

## I. — LA FRANCE ET L'EUROPE OCCIDENTALE

Louis XIV continue la politique de suprématie de la France. La pensée du règne est d'assurer à la maison de Bourbon la succession d'Espagne et peut-être l'election à l'Empire. Les États de l'Europe occidentale se coalisent contre ses prétentions.

### Coalitions contre Louis XIV.

1o **La Triple alliance de La Haye** (Hollande, Angleterre, Suède) le force à restituer la Franche-Comté, **traité d'Aix-la-Chapelle** (1668);

2o **La coalition de 1673** (Empire, Espagne, Brandebourg, Hollande) sauve la Hollande, mais le **traité de Nimègue** assure la prépondérance de Louis XIV.

3o **La ligue d'Augsbourg** unit toute l'Europe (1686-1688) et force Louis XIV à restituer, par le **traité de Ryswick** (1697), la Lorraine et les villes annexées par les chambres de réunion (sauf Strasbourg).

4o **La grande alliance de La Haye** (1701) arme de nouveau toute l'Europe pour la succession d'Espagne.

Les **traités d'Utrecht, de Rastadt, de Bade et d'Anvers** (1713-1715) achèvent la ruine des plans de suprématie européenne de Louis XIV. La France conserve à peu près les frontières acquises, mais elle perd une partie de ses domaines coloniaux.

Reconnaissance des nouvelles maisons royales : *Hanovre* (Angleterre); *Hohenzollern* (Prusse); *Bourbon* (Espagne); *Savoie* (Sardaigne, 1718).

L'Autriche acquiert les annexes de l'Espagne (Belgique, Milanais, Naples, etc.). Philippe V garde l'Espagne et les colonies espagnoles.

*L'Angleterre assure sa puissance maritime et garde* **Gibraltar, Port-Mahon, l'Acadie, Terre-Neuve** et la baie d'**Hudson**.

## II. — LA SUÈDE ET L'EUROPE ORIENTALE

**Suède.** — Les guerres à outrance de Charles XII, entreprises d'abord pour résister aux attaques des États voisins, deviennent de folles chevauchées, qui ruinent l'armée suédoise.

Charles XII lutte contre le Danemark, la Pologne, la Russie et la Prusse. Il est vainqueur à Narva (1700), en Pologne et en Saxe (1701-1707), mais son armée est anéantie à **Poltava** (1709) par Pierre-le-Grand.

A sa mort (1718), la Suède perd, par les **traités de Stockholm** et de **Nystadt** (1720-1721), presque toutes ses conquêtes de la guerre de Trente ans. La Prusse gagne la Poméranie à l'Est de la Peene, la Russie reprend la Livonie, l'Esthonie, l'Ingrie, la Carélie et Viborg.

**Russie.** — La Russie, avec *Pierre-le-Grand*, recule ses limites naturelles, en luttant contre la Suède et la Turquie. Elle atteint la mer sur le golfe de Finlande, et sa capitale passe de Moscou à **Saint-Pétersbourg**. La mer Noire est encore un lac turc.

**Empire ottoman.** — L'echec des Turcs devant Vienne (1683) est le commencement du recul de la conquête ottomane. L'Autriche reprend Bude et la **Hongrie** (1687).

Les coalitions de l'Autriche, de Venise, de la Pologne et de la Russie aboutissent aux deux premiers démembrements de la Turquie :

1o. **Traité de Karlowitz** (1699). Cession de la **Morée** à Venise; de la **Transylvanie**, de la **Croatie** et de l'**Esclavonie** à l'Autriche ; de la **Podolie** et de l'**Ukraine** à la Pologne; d'**Azof** à la Russie.

2o. **Traité de Passarovitz** (1718). La Turquie a repris Azof (**traité de Falksen**, 1711) et la Morée. Elle perd le **banat de Temesvar**, la **Serbie** et la **Valachie** à l'ouest de l'Aluta, cédées à l'Autriche.

**Conclusions.** — Trois grandes puissances exercent la suprématie dans l'Europe occidentale : la **France**, l'**Angleterre**, l'**Autriche.** Dans l'Europe orientale, on constate la décadence de la Suède, de la Pologne et de l'Empire ottoman. Enfin l'on voit apparaître et grandir rapidement trois États nouveaux : la **Prusse**, la **Russie** et la **Sardaigne** (Savoie).

# LE MONDE AU XVIIIe SIÈCLE

(LUTTES COLONIALES DE LA FRANCE ET DE L'ANGLETERRE)

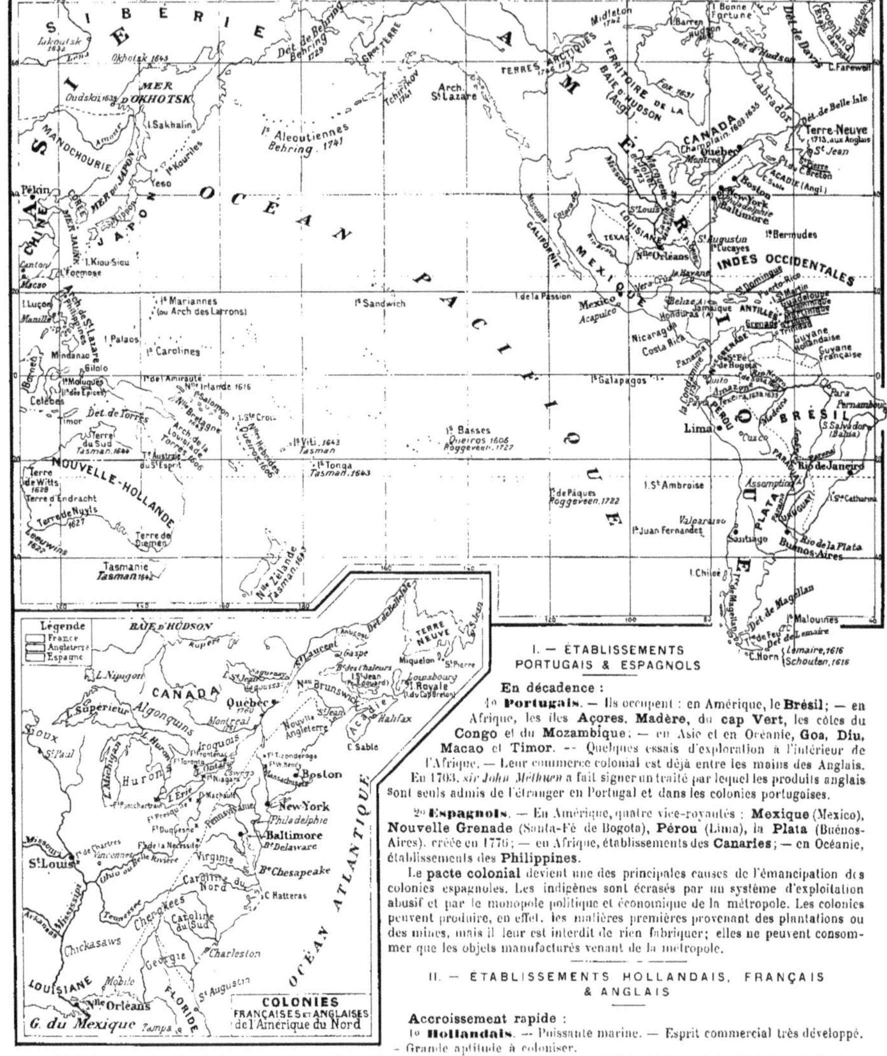


I. — ÉTABLISSEMENTS PORTUGAIS & ESPAGNOLS

**En décadence :**

1° **Portugais**. — Ils occupent : en Amérique, le **Brésil**; — en Afrique, les îles **Açores**, **Madère**, du **cap Vert**, les côtes du **Congo** et du **Mozambique**; — en Asie et en Océanie, **Goa**, **Diu**, **Macao** et **Timor**. — Quelques essais d'exploration à l'intérieur de l'Afrique. — Leur commerce colonial est déjà entre les mains des Anglais. En 1703, *sir John Méthuen* a fait signer un traité par lequel les produits anglais sont seuls admis de l'étranger en Portugal et dans les colonies portugaises.

2° **Espagnols**. — En Amérique, quatre vice-royautés : **Mexique** (Mexico), **Nouvelle Grenade** (Santa-Fé de Bogota), **Pérou** (Lima), la **Plata** (Buénos-Aires), créée en 1776; — en Afrique, établissements des **Canaries**; — en Océanie, établissements des **Philippines**.

Le **pacte colonial** devient une des principales causes de l'émancipation des colonies espagnoles. Les indigènes sont écrasés par un système d'exploitation abusif et par le monopole politique et économique de la métropole. Les colonies peuvent produire, en effet, les matières premières provenant des plantations ou des mines, mais il leur est interdit de rien fabriquer; elles ne peuvent consommer que les objets manufacturés venant de la métropole.

II. — ÉTABLISSEMENTS HOLLANDAIS, FRANÇAIS & ANGLAIS

**Accroissement rapide :**

1° **Hollandais**. — Puissante marine. — Esprit commercial très développé. — Grande aptitude à coloniser.

1602. **Compagnie des Indes Orientales**. — Conquête du **Cap**, de **Ceylan**, des côtes de **Malabar** et de **Coromandel**, de **Malacca**, de **Java**, des îles de la **Sonde** et de **Moluques**, de l'île de **Detsima** (Japon), de la **côte du Brésil**.

Chassés de l'Inde et du Brésil, les Hollandais, au XVIIIe siècle, mettent en valeur leur riche empire de la **Malaisie** (Indes néerlandaises) et commencent l'exploration de l'**Australie** (Nouvelle Hollande).

# LE MONDE AU XVIIIe SIÈCLE

## (LUTTES COLONIALES DE LA FRANCE ET DE L'ANGLETERRE)

2° **Français**. — Esprit de découverte et d'expansion. — Les hommes d'État du XVIIe siècle (*Richelieu*, *Colbert*) conçoivent la politique coloniale et favorisent les tentatives commerciales.

1534. — Sous François Ier, les Français s'établissent au **Canada** (Nouvelle France), en **Acadie** et à **Terre-Neuve**.

1608-1635. — *Champlain*, protégé par Henri IV et Richelieu, fonde au Canada **Québec** et **Montréal**.

Richelieu envoie des colons à la **Guyane**, au **Sénégal**, à **Madagascar** (France Orientale). Établissements à Fort-Dauphin, à **Bourbon** (1642-1643).

1625-1655. — Établissements des Antilles : **Saint-Christophe**, **Martinique**, **Guadeloupe**, **Saint-Domingue**

1656-1684. — Colbert ajoute les territoires de la baie d'**Hudson** et la **Louisiane** (*Cavelier de la Salle*), et favorise les *grandes compagnies de commerce*. 1720. — Le *système* de crédit financier de *Law* est fondé sur le développement des colonies. Création de la **Nouvelle Orléans**. Tentative pour relier le Canada à la Louisiane par les postes de l'Ohio.

En 1750, la France tient, en Amérique, le Saint-Laurent et le Mississipi.

1667-1743. — Premiers établissements aux Indes (*François Martin*, *Dumas*).

1742-1754. — *Dupleix* exploite les divisions des nombreux princes hindous, crée des troupes indigènes (*cipayes*) et engage la lutte avec la Compagnie anglaise des Indes. — 1746-1748. Prise et restitution de **Madras**.

1749-1750. — Conquête des côtes de **Coromandel**, des **Circars**, d'**Orissa**. Protectorat du **Dekkan**. Dupleix est à ce moment le maître d'une grande partie de l'Hindoustan.

3° **Anglais**. — Les Anglais ne deviennent colonisateurs qu'à la suite de l'**acte de navigation** (1651), et après la fin de leurs guerres civiles.

1655. Sous Cromwell, prise de la **Jamaïque**. — 1667. **Traité de Bréda**. La Hollande cède aux Anglais les **nouveaux Pays-Bas** (New-York).

1713. — **Traité d'Utrecht**. La France abandonne aux Anglais **Terre-Neuve**, l'**Acadie** et les **territoires de la baie d'Hudson**.

En 1750, les Anglais ne possèdent encore que le territoire très limité des **13 colonies américaines** sur la côte, quelques **Antilles** et quelques comptoirs dans l'Inde (**Bombay, Madras, Calcutta, fort William**).

Le gouvernement français abandonne nos colonies d'Amérique et d'Asie. Les Anglais ne vont pas tarder à s'en emparer.

# EUROPE CENTRALE (XVII^e-XVIII^e SIÈCLES)

(LIMITES DES ÉTATS EN 1763)

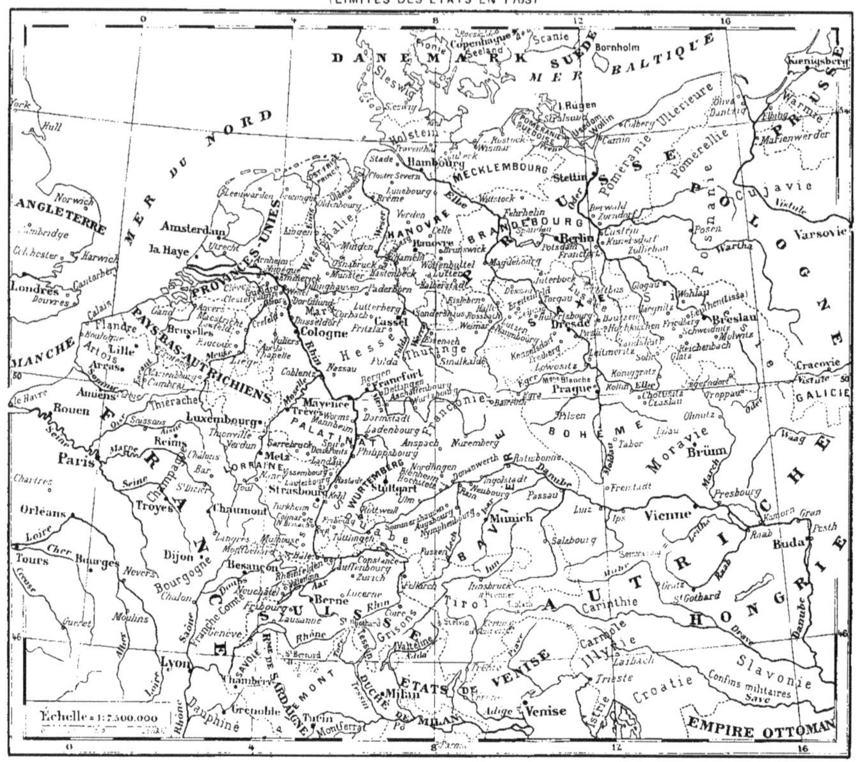


**L'Europe centrale** comprend toute la région entre le Rhin, les Alpes, les Carpathes, la Vistule et la Baltique. Le Saint-Empire romain germanique en occupe la plus grande partie.

Au XVIII^e siècle, l'Empire allemand est divisé en 10 *cercles*, mais il est morcelé naturellement en une multitude d'États, d'importance et d'étendue très variables, dont les principaux sont les neuf **électorats : archevêchés de Mayence, de Cologne** et de **Trèves, royaume de Bohême, duché de Saxe, margraviat de Brandebourg, palatinat du Rhin, duché de Bavière** (1648) et de **Hanovre** (1692). La Bohême, la Moravie et la Silésie ne sont pas englobés dans les cercles.

La maison d'Autriche occupe dans l'Empire une situation prépondérante. Outre ses États héréditaires (voir notices 27 et 32), elle possède les royaumes de Bohême et de Hongrie, et depuis 1714 le Milanais et Naples. Le chef de cette maison est toujours élu à l'Empire.

Les grands États allemands tendent à absorber les petits, dont la résistance est favorisée par le particularisme local dû à l'influence d'un sol très enchevêtré. Le pouvoir de l'Empereur est nominal; son élection et son autorité sont soumises à des règles très compliquées et très pompeuses. La Diète de Ratisbonne comprend les trois collèges des électeurs, des princes et des villes; la chambre impériale de justice siège à Spire.

Trois grandes guerres se déroulent particulièrement en Allemagne :

1° **Guerre de Trente ans** (1618-1648) (v. notice 25). Les traités de Westphalie détachent en fait de l'Empire l'**Alsace, la Suisse**, les **Provinces-Unies** (**Hollande**), consacrent l'indépendance des États allemands au détriment des Habsbourg et étendent la tolérance religieuse;

2° les deux **guerres de Sept ans**, qui ont surtout pour cause la *rivalité de la Prusse et de l'Autriche* :

**Guerre de la succession d'Autriche** (1741-1748) — Coalition de la Prusse, de la France, de l'Espagne, de la Pologne, et de la plupart des États allemands contre l'Autriche. *Marie-Thérèse* est sauvée par les *subsides de l'Angleterre*, le dévouement de la Hongrie et la neutralité bienveillante de la Russie. Le **traité d'Aix-la-Chapelle** (1748) enlève à l'Autriche la **Silésie** (moins les cercles de Troppau et de Teschen), mais lui laisse la couronne impériale.

3° **Guerre de Sept ans** (1756-1763). — Revanche de Marie-Thérèse, coalition contre la Prusse de toute l'Europe, sauf l'Angleterre, dont les *subsides et l'appui* sauvent à son tour *Frédéric II* (voir notice 32). Le **traité d'Hubertsbourg** (1763) confirme à Frédéric II la possession de la Silésie.

**Conclusion.** — A partir de 1763, la **Prusse** est prépondérante dans l'Allemagne du Nord, l'**Autriche** conserve son influence dans l'Allemagne du Sud.

# L'EUROPE EN 1789

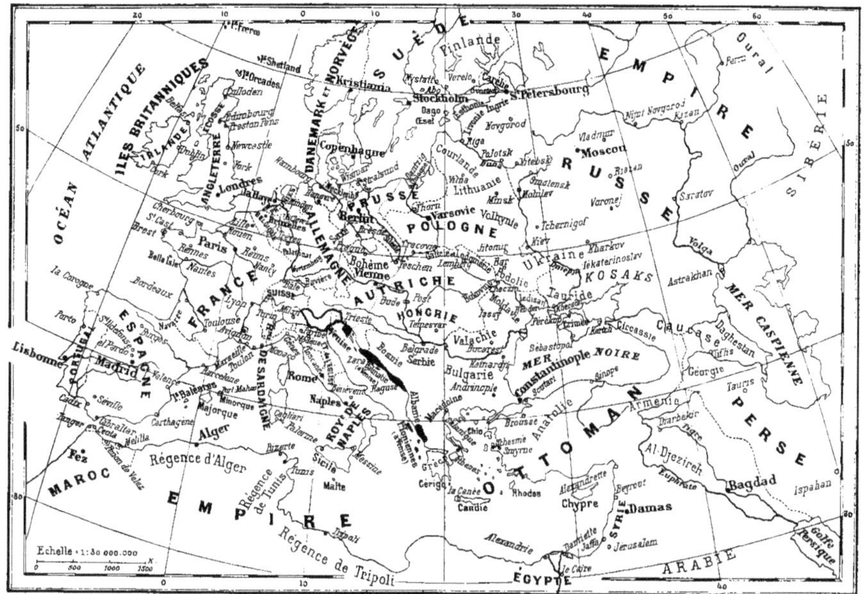


L'équilibre européen a été maintenu dans l'Europe occidentale et centrale par la rivalité de la France et de l'Angleterre. Il est menacé dans l'Europe orientale par l'ambition croissante de la Prusse, l'extension de la Russie et le recul de l'Empire ottoman.

## I. — EUROPE OCCIDENTALE ET CENTRALE

Les **traités de Paris** et d'**Hubertsbourg** (1763) ont mis au premier rang l'Angleterre et la Prusse.

L'**Angleterre**, en détruisant l'empire colonial de la France, a affermi sa *puissance maritime et commerciale*.

La **Prusse** a gagné la **Silésie** et devient la rivale de l'Autriche en Allemagne.

Par le *pacte de famille* (1761) et avec le système de l'alliance autrichienne, la *maison de Bourbon* (France, Espagne, Parme et Deux-Siciles) personnifie l'union des peuples latins et catholiques.

Le **traité de Versailles** (1783) qui fait perdre à l'Angleterre Minorque et les colonies d'Amérique, rend à la France le **Sénégal**.

Annexion de la **Lorraine** (1766) et de la **Corse** (1768).

L'**Italie** est une « *poussière d'États* ». Les Bourbons d'Espagne occupent Parme et les Deux-Siciles; les Habsbourg-Lorraine tiennent la Toscane et le Milanais.

Le **royaume de Sardaigne** s'est agrandi jusqu'au Tessin.

Le reste est partagé entre le Pape, les républiques de Venise et de Gênes, de Saint-Marin, de Lucques, les principautés de Modène et de Monaco, etc. Malte est aux chevaliers de Saint-Jean.

L'**Allemagne** est morcelée féodalement en plus de 300 États, dont les plus puissants sont les six électorats laïques.

La **confédération Suisse** comprend treize cantons et des alliés (Mulhouse, le Valais, les Ligues Grises, Genève).

## II. — EUROPE ORIENTALE

La décadence de la Suède, de la Pologne, de la Turquie, a pour contre-partie les progrès de la Russie, de la Prusse et de l'Autriche.

1°. La **Suède** est sauvée par le coup d'État de Gustave III (**1772**). Cependant les *traités d'Abo* (1743) et de *Verelo* (1790) lui coûtent quelques districts de la Finlande.

2°. La **Pologne** est démembrée pour la première fois (**1772-1773**). Elle cède :

A la Russie : **Vitebsk, Polotsk, Micislav**, avec une partie du **palatinat de Minsk** :

A la Prusse : **Pomérélie, Warmie** et **Prusse polonaise**, moins Thorn et Dantzig;

A l'Autriche : **Galicie, Lodomérie, Russie rouge** et **c<sup>té</sup> de Zips.**

Cette dislocation de la Pologne est fatale. Elle est due : 1° à son anarchie politique ; 2° à l'absence de frontières naturelles ; 3° au développement des trois puissants États qui l'entourent.

3°. La **Turquie** est démembrée pour la troisième fois par le **traité de Kaïnardji** (1774); elle cède :

A l'Autriche : la **Bukovine** ;

A la Russie : **Azof, Taganrog, Kertch, Kinburn** et la **Tauride.**

En 1783, la **convention de Constantinople** reconnaît à la Russie la souveraineté des Khanats tatars de **Crimée** et du **Kouban.**

La Russie étend ses conquêtes en Sibérie et dans le Caucase (Géorgie).

Cependant la Turquie a repris **Belgrade** et la **Serbie** en 1739.

**Conclusion.** — La Révolution française va bouleverser l'Europe occidentale et centrale. Car il y a deux pays sans unité que leur faiblesse livre aux mains du premier conquérant qui se présentera : l'Allemagne et l'Italie.

Pendant ce temps, dans l'Europe orientale, se préparent de nouveaux démembrements de la Pologne et de la Turquie.

# EUROPE ORIENTALE (XVIIIe SIÈCLE)

(LIMITE DES ÉTATS EN 1771)

Les trois grands empires actuels de l'Europe centrale et orientale se forment ou se transforment surtout au XVIIIe siècle.

## I. — AUTRICHE

L'Autriche, puissance surtout allemande jusqu'à la fin du XVIIe siècle, ayant perdu en partie sa prépondérance en Allemagne, s'agrandit à l'ouest et à l'est de *pays non allemands :*

A l'ouest, par le **traité de Rastadt** (1714) : de la **Belgique**, qu'elle garde jusqu'en 1794; du **Milanais**, qu'elle garde jusqu'en 1797; du **royaume de Naples**, jusqu'en 1738.

A l'est, par le **traité de Carlowitz** (1699) : de la **Croatie**, de l'**Esclavonie** et de la **Transylvanie**;

par le **traité de Passarovitz** (1718), du **banat de Temeswar**, de la **Serbie** et de la **Valachie occidale**; elle perd ces deux dernières en 1739.

Au **traité d'Hubertsbourg** (1763), elle perd définitivement la **Silésie**, qui passe à la Prusse.

## II. — PRUSSE

La Prusse s'est formée de nombreux tronçons, que ses princes et hommes d'État ont soudés par un effort constant et une suite d'entreprises toujours heureuses.

1618. — **Électorat de Brandebourg** et **duché de Prusse** sont réunis par héritage.

1648. — Les **traités de Westphalie** donnent au Brandebourg : **Magdebourg**, **Halberstadt**, **Minden**, **Camin** et la **Poméranie orientale**. Il hérite de **Juliers de Clèves**, de la Mark et **Ravensberg** (1666).

Le **royaume de Prusse** est constitué en 1701. Le **traité d'Utrecht** l'agrandit de l'**Ost Frise** et de quelques enclaves.

1720. — La Prusse obtient **Stettin** et les **bouches de l'Oder**, et la **Poméranie** centrale.

En 1763, elle gagne la **Silésie**.

## III. — RUSSIE

La Russie, puissance d'abord asiatique, devient européenne par son extension vers l'ouest et par la politique de *Pierre le Grand* et de *Catherine II*. Elle s'agrandit en profitant de la décadence de la Suède, de la Pologne et de l'Empire ottoman :

Aux dépens de la Suède, par le **traité de Nystadt** (1721), et d'**Abo** (1743);

De la Pologne, par les **trois partages** (1772-1793-1795);

De l'empire ottoman, par les **quatre démembrements** (1699-1718-1774-1792).

(Voir carte et notices nos 27 et 33.)

La politique de la Russie, puissance slave et orthodoxe, dirigée par des souverains absolus au double point de vue religieux et politique, tend à *englober dans sa clientèle tous les peuples de même langue et de même religion.*

**Conclusion.** — L'union des trois États, Autriche, Prusse, Russie, formée de 1764 à 1772 pour la **spoliation de la Pologne** sera le point de départ des coalitions dirigées contre la France de la Révolution et de l'Empire.

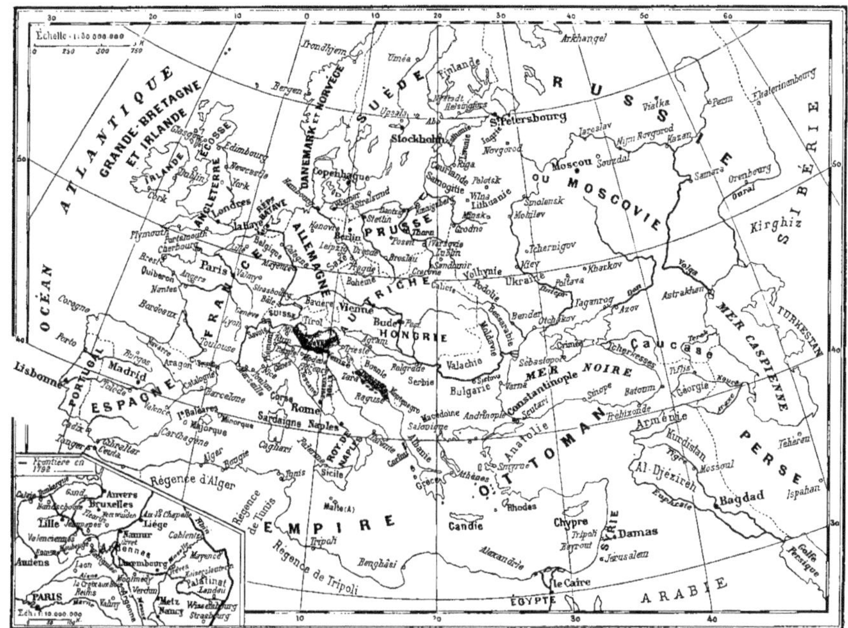


L'équilibre européen est modifié : 1° par l'extension de la France jusqu'au Rhin et aux Alpes; 2° par la destruction de la Pologne et le nouveau démembrement de la Turquie. La ruine de la Pologne est la rançon de l'agrandissement de la France.

## I. — EUROPE OCCIDENTALE

**Progrès de la France.** — Après avoir défendu le sol de la Patrie contre l'invasion étrangère, les hommes de la Révolution reprennent, au profit de la République, l'ancienne politique de la royauté, l'extension vers le Rhin.

Le prétexte de la première coalition européenne est de secourir le roi de France, et d'arrêter la propagande des idées révolutionnaires. Mais les souverains, profitant de la crise intérieure, ont la pensée de s'agrandir aux dépens de la France. (Vieilles revendications impériales et germaniques sur la Lorraine, l'Alsace, l'Artois, la Franche-Comté, etc.)

1792-93. **Coalition partielle** (Prusse-Autriche-Sardaigne). — Première invasion, arrêtée à **Valmy** (Prussiens), à **Jemmapes** (Autrichiens). Les armées républicaines, prenant l'offensive, entrent en Belgique, dans le Palatinat rhénan, en Savoie et dans le comté de Nice.

1793-95. **Coalition générale.**

1° *Campagne de* 1793. Les armées républicaines, d'abord refoulées, arrêtent la deuxième invasion à la frontière par les victoires d'Hondschoote, de Wattignies, de Wissembourg.

2° *Campagnes de* 1794-95. Reprise de la guerre offensive avec une tactique nouvelle. Victoire de Fleurus. **Conquête de la Belgique et de la rive gauche du Rhin.**

1795. **Traités de Bâle et de la Haye.** — La République française, avec la frontière du Rhin et des Alpes, est reconnue par la Prusse, l'Espagne et la Hollande.

## II. — EUROPE ORIENTALE

1° **Turquie.** — **Projet de partage** de l'Empire ottoman, arrêté à Kherson (1787) entre *Catherine II* et *Joseph II.* — Nouvelle guerre d'Orient.

1791-92. **Paix de Sistova et de Jasi.** — 1° démembrement. — Les Autrichiens gagnent **Orsova** et la **Croatie turque**; les Russes, **Otchakov** et toute la partie de la **Bessarabie** entre le Boug et le Dniester. L'Empire ottoman échappe à la ruine par les révolutions de France et de Pologne.

2° **Pologne.** — **Second et troisième partages (1792-95).** (V. carte 32.)

Le premier partage de 1772 n'a guère enlevé à la **République royale de Pologne** que des conquêtes faites aux dépens de ses voisins.

Les deux derniers partages la détruisent. Au 2e partage, la Russie, obligée de compter avec les convoitises de la Prusse, s'assure sa complicité.

1793. **Diète de Grodno.** — La Prusse obtient **Thorn, Danzig, Posen, Kalish** et **Plock** (Gde Pologne); **Czenstochau** (Pte Pologne).

La Russie prend les palatinats de **Minsk**, de **Novogrodek**, de **Kiovie (Jitomir)** et de **Podolie.**

1794-95. Tentative de soulèvement de *Kociusko.* — La Prusse se détourne du Rhin pour s'agrandir vers la Vistule. Catherine II admet en tiers, au 3e partage, les Autrichiens, afin de diminuer la part des Prussiens.

Les trois capitales polonaises aux trois États spoliateurs :

1° à la Russie, **Vilna,** avec la **Courlande,** la **Samogitie,** la **Lithuanie** et la **Volhynie**;

2° à la Prusse, **Varsovie** et les palatinats de **Mazovie** et de **Podlachie**;

3° à l'Autriche, **Cracovie,** avec les palatinats de **Radom, Sandomir** et **Lublin.**

**Conclusion.** — La dernière résistance de la Pologne a contribué à sauver la France, en détournant les efforts de la Prusse, en divisant les forces de l'Autriche, et en empêchant la Russie d'envoyer ses troupes sur le Rhin.

**Caractère général.** — La France est un *État despotique et centralisé*, mais dont l'*unité administrative* n'est pas achevée.

Aucune concordance n'existe entre les circonscriptions des divers services administratifs, ecclésiastiques et judiciaires.

Le territoire s'est formé lentement par le rassemblement autour du domaine royal (Ile de France, Paris), des diverses provinces féodales. Les frontières ont été constituées avec une tendance marquée à reprendre les limites de l'ancienne Gaule (Rhin, Alpes, Pyrénées). Mais les pays à peu près germanisés de la rive gauche du Rhin, au nord de la Lorraine et de l'Alsace, ont échappé à l'extension naturelle de la France.

Les institutions administratives se sont de même juxtaposées ou superposées sans jamais se détruire. De là, la difficulté de dresser une carte administrative de la France de l'ancien régime.

Mais les provinces ont gardé leur physionomie particulière : elles se retrouvent dans l'organisation des **40 gouvernements militaires.**

32 grands gouvernements : **Flandre, Artois, Picardie, Normandie, Ile-de-France, Champagne, Lorraine, Alsace, Franche-Comté, Bourgogne, Lyonnais, Orléanais, Touraine, Berry, Nivernais, Bourbonnais, Marche, Limousin, Auvergne, Bretagne, Maine, Anjou, Poitou, Aunis, Saintonge** et **Angoumois, Guyenne** et **Gascogne. Foix. Béarn, Roussillon, Languedoc, Dauphiné, Provence.**

8 petits gouvernements : **Paris. Boulonnais, Le Havre, Sedan, Toul, Metz** et **Verdun, Saumurois, Corse.**

### 1° Circonscriptions administratives.

Diversité des **pays d'élections** (les trois quarts du territoire) et des **pays d'États** (le dernier quart, en général les provinces frontières, les dernières annexées).

**Intendances et généralités.**—Les 35 intendants sont les dépositaires de toute l'autorité administrative. 28 d'entre eux siègent dans des **généralités**, 7 dans des **intendances**.

### 2° Circonscriptions ecclésiastiques.

Elles reproduisent à peu près les divisions par métropoles et par cités, datant de l'empire romain.

18 **archevêchés** (ceux d'Albi et de Paris sont de création récente), et 130 **évêchés**, dont 7 *in partibus infidelium* :

**Aix** : Apt, Fréjus, Gap, Riez; **Albi** : Cahors, Castres, Mende, Rodez, Vabres; **Arles** : Marseille, Orange, Saint-Paul-Trois Châteaux, Toulon; **Auch** : Aire, Bayonne, Bazas, Comminges, Dax, Lectoure, Lescar, Oloron, Saint-Lizier, Tarbes; **Besançon** : (Bâle), Belley (Lausanne); **Bordeaux** : Agen, Angoulême, Condom, Luçon, Périgueux, Poitiers, La Rochelle, Saintes, Sarlat; **Bourges** : Clermont, Limoges, Le Puy, Saint-Flour, Tulle; **Cambrai** : Arras, (Namur), Saint-Omer, (Tournai); **Embrun** : Digne, Glandèves, Grasse, Senez, Vence; **Lyon** : Autun, Châlon, Dijon, Langres, Mâcon, Saint-Claude; **Narbonne** : Agde, Alais, Aleth, Béziers, Carcassonne, Lodève, Montpellier, Nîmes, Perpignan, Saint-Pons, Uzès; **Paris** : Blois, Chartres, Meaux, Orléans; **Reims** : Amiens, Beauvais, Boulogne, Châlons, Laon, Noyon, Senlis, Soissons; **Rouen** : Avranches, Bayeux, Coutances, Evreux, Lisieux, Séez; **Sens** : Auxerre, Clamecy-Bethléem, Nevers, Troyes; **Toulouse** : Lavaur, Lombez, Mirepoix, Montauban, Pamiers, Rieux, Saint-Papoul; **Tours** : Angers, Dol, le Mans, Nantes, Quimper, Rennes, Saint-Brieuc, Saint-Malo, Saint-Pol-de-Léon, Tréguier, Vannes; **Vienne** : Die (Genève), Grenoble, Saint-Jean-de-Maurienne, Valence, Viviers.

Strasbourg est suffragant de **Mayence**; Metz, Nancy, Saint-Dié, Toul et Verdun, de **Trèves**; Mariana et Nebbio (Corse), de **Gênes**; Ajaccio, Aleria, Sagone (Corse), de **Pise**.

### 3° Circonscriptions judiciaires.

Pays de droit coutumier (l'ancienne langue d'*oïl*), pays dont le fonds est *franc*.

Pays de droit romain (l'ancienne langue d'*oc*), ancienne *Aquitaine* et *Narbonnaise*.

13 **parlements** : **Paris**, le plus important, **Rouen, Douai, Metz, Nancy, Dijon, Besançon, Grenoble, Aix, Toulouse, Pau, Bordeaux, Rennes**; et 4 **conseils souverains** : **Colmar** (Alsace), **Perpignan** (Roussillon), **Arras** (Artois) et **Bastia** (Corse), jugent en appel.

111 **présidiaux** jugent en première instance.

Nombreux tribunaux d'exception : conseil privé, grand conseil; maîtres des requêtes de l'hôtel; connétablie; amirauté; eaux et forêts, etc.

### 4° Circonscriptions financières.

A peu près les mêmes que celles de l'administration, elles se ressentent du désordre financier et de l'enchevêtrement des services d'impôts.

L'intendance est divisée en **subdélégations**, correspondant à peu près à nos sous-préfectures, la généralité en **élections**, les pays d'État conservent leurs subdivisions locales.

Les 12 **chambres des comptes** et les 2 **cours des aides** jugent en appel les contestations financières.

**Conclusion.** — En divisant la France par **départements**, la Révolution aura pour but : 1° de détruire les souvenirs de l'ancien régime; 2° de faire concorder ensemble toutes les circonscriptions administratives, en supprimant les dernières traces du chaos féodal.

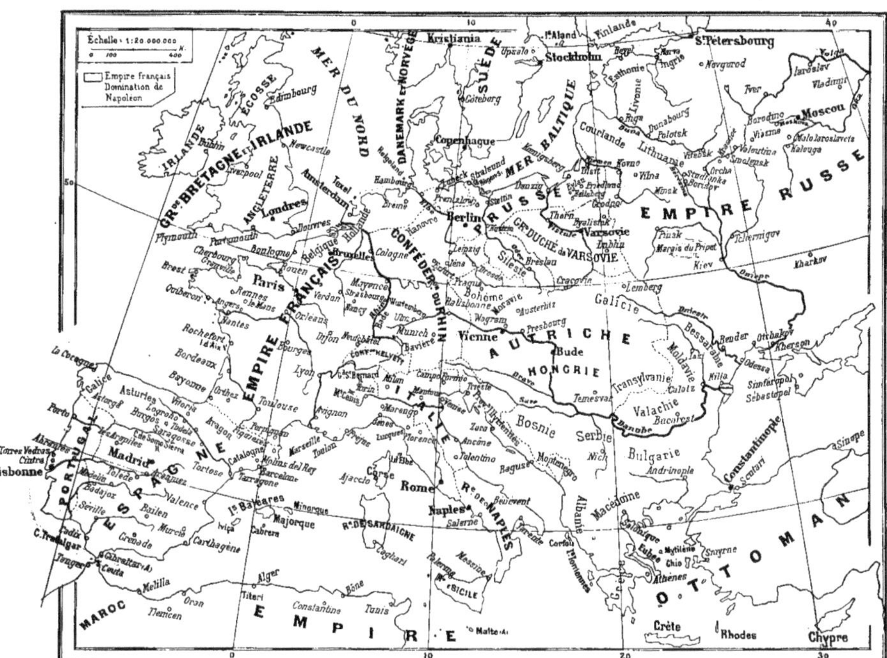


Destruction de l'équilibre européen au profit de l'Empire français. Remaniements arbitraires et incessants de la carte d'Europe.

## I. — LES ETATS SECONDAIRES

1° **Autriche.** — Quatre fois mutilée à la suite de quatre traités :

1797. **Traité de Campo-Formio.** — Elle perd la **Belgique** et le **Milanais** et reçoit en compensation le **territoire vénitien** avec l'**Istrie** et la **Dalmatie**.

1801. **Traité de Lunéville.** — Perte de la **Toscane.**

1805. **Traité de Presbourg.** — Perte de **Venise**, du **Tirol**, de la **Souabe** autrichienne.

1809. **Traité de Vienne.** — Perte du cercle de Villach (Carinthie) de la Carniole, du Frioul autrichien (Goritz, Trieste), de la Croatie civile (Fiume) et militaire, qui avec l'Istrie et la Dalmatie, cédées en 1805, forment les 7 Provinces illyriennes (V. carte 36.)

2° **Prusse.** — Presque anéantie après la campagne de 1806.

1795. **Traité de Bâle.** — Perte des domaines sur la **rive gauche du Rhin** (Clèves, etc.).

1807. **Traité de Tilsit.** — L'Etat prussien est réduit à 4 provinces (**Brandebourg. Silésie, Poméranie, Prusse royale**).

3° **Danemark.** — Fidèle à l'alliance française, subit les deux bombardements de Copenhague en 1801 et 1807.

4° **Suède.** — Hostile. *Charles XIII* adopte *Bernadotte*, qui s'unit en 1812 aux ennemis de la France.

5° **Empire ottoman.** — Napoléon abandonne son alliance. **Traité de Bukarest** (1812). La Russie gagne la **Bessarabie.**

## II. — LES ÉTATS VASSAUX

1° **Espagne**, avec le **Portugal** depuis 1808. — Le roi Joseph n'est pas accepté par la nation espagnole. (Guerres d'Espagne, 1808.)

2° **Royaumes d'Italie** (Lombardie et Vénitie) et de **Naples.** — Le reste de l'Italie est partagé en 14 départements français. *Napoléon roi d'Italie.* La fusion des peuples italiens commence dans les rangs des armées napoléoniennes.

3° **Confédération helvétique.** — *Napoléon médiateur.*

4° **Confédération du Rhin.** — *Napoléon président.* — 37 Etats en 1808, restreinte en 1810 par l'annexion à l'Empire des villes hanséatiques, de l'Oldenbourg, d'une partie du Hanovre et de la Westphalie.

## III, — ÉTATS RIVAUX ET ENNEMIS

1° **Angleterre.** — Sa constance dans la lutte contre la France.

Elle occupe, en Europe : **Héligoland. Malte.** la **Sardaigne** (maison de Savoie), la **Sicile** (Bourbons de Naples), les îles **Ioniennes;** et hors d'Europe : les colonies françaises et hollandaises, l'Inde, etc.

2° **Russie.** — L'alliance avec Napoléon lui rapporte la **Finlande (traité de Frédérickshamm.** 1809), la **Galicie orientale** (traité de Vienne) et **la Bessarabie** (traité de Bukarest, 1812).

Mécontentement croissant du tsar devant les exigences et l'ambition de Napoléon. Le **blocus continental** lèse les intérêts de la Russie.

**Conclusion.** — L'Europe, ruinée par les contributions de guerre et par le blocus continental, opprimée par un conquérant, dont le génie ne peut soutenir une situation anormale résultant de la Révolution et de sa propre ambition, va se coaliser pour la ruine de Napoléon.

Les résistances nationales, les guerres pour l'indépendance, commencent en Espagne, dans le Tirol, en Allemagne.

# L'EMPIRE FRANÇAIS (1812)

Napoléon donne à l'Empire français une extension exagérée. Son idée dominante est la *lutte avec l'Angleterre.* Pour la vaincre, il croit nécessaire de devenir le maître de l'Europe. Au début, il continue la politique de la Révolution. Mais chacune de ses conquêtes provoque des résistances nouvelles, suivies de campagnes de plus en plus aventureuses pour dompter ces résistances.

## I. ANNEXIONS SUCCESSIVES

1° **France républicaine :**

1795. **Traités de Bâle et de la Haye.** — La Prusse et la Hollande abandonnent leurs possessions de la **rive gauche du Rhin**.

1796. **Traité de Paris.** — Le roi de Sardaigne cède la **Savoie, Nice** et **Monaco.**

1797. **Traités de Tolentino** et de **Campo-Formio.** — Le pape renonce au **Comtat Venaissin** et à **Avignon**; l'Autriche à la **Belgique**.

1798. **Traité de Paris.** — La République helvétique cède l'évêché de **Bâle**, les villes de **Mulhouse** et de **Genève**.

2° **France consulaire et impériale :**

1801. **Traité de Lunéville.** — La **frontière du Rhin** est confirmée; acquisition de **Montbéliard.**

1802. Annexion du **Piémont, —** 1805, de **Gênes, —** 1807, de la **Toscane.** — 1809, des **États pontificaux.**

1809. **Traité de Vienne.** — L'Autriche cède les **provinces Illyriennes** (voir notice n° 35).

1810. Annexion de la **Hollande,** du **Valais,** des **villes hanséatiques,** de l'**Oldenbourg**, et d'une partie de **Berg** et de la **Westphalie.**

## II. L'EMPIRE FRANÇAIS

L'Empire français comprend **130 départements** :

88 *départements dans le territoire de la France de* 1870 (la Savoie ne formait qu'un seul département) :

2 *en Suisse :* **Léman, Simplon** ;

15 *sur la rive gauche du Rhin :* 1° Pays-Bas : **Lys, Jemmapes, Dyle, Escaut, Bouches-de-l'Escaut, Sambre-et-Meuse, Ourthe, Meuse inférieure, Deux-Nèthes, Bouches-du-Rhin** : 2° Pays rhénans : **Mont-Tonnerre. Rhin-et-Moselle, Sarre, Forêts, Roër** ;

11 *sur la rive droite du Rhin :* **Bouches-de-la-Meuse, Zuydersée, Yssel supérieur, Bouches-de-l'Yssel, Frise, Ems occidental, Lippe, Ems supérieur, Ems oriental, Bouches-du-Weser. Bouches-de-l'Elbe** ;

14 *en Italie :* **Doire, Sésia, Pô, Stura, Marengo, Montenotte, Gênes, Taro, Apennins, Arno, Méditerranée, Ombrone, Trasimène, Tibre** ;

7 *provinces Illyriennes :* **Carinthie, Carniole, Istrie, Croatie civile, Croatie militaire, Dalmatie, Bouches-du-Cattaro.**

**Conclusion.** — L'Empire français, ainsi constitué, ne répond à aucune conception, ni géographique, ni ethnologique ; c'est une création purement factice, destinée à disparaître, comme ont disparu tous les empires violemment créés, et qui ne sont pas fondés sur l'unité de race et la communauté des intérêts.

# L'EUROPE EN 1815

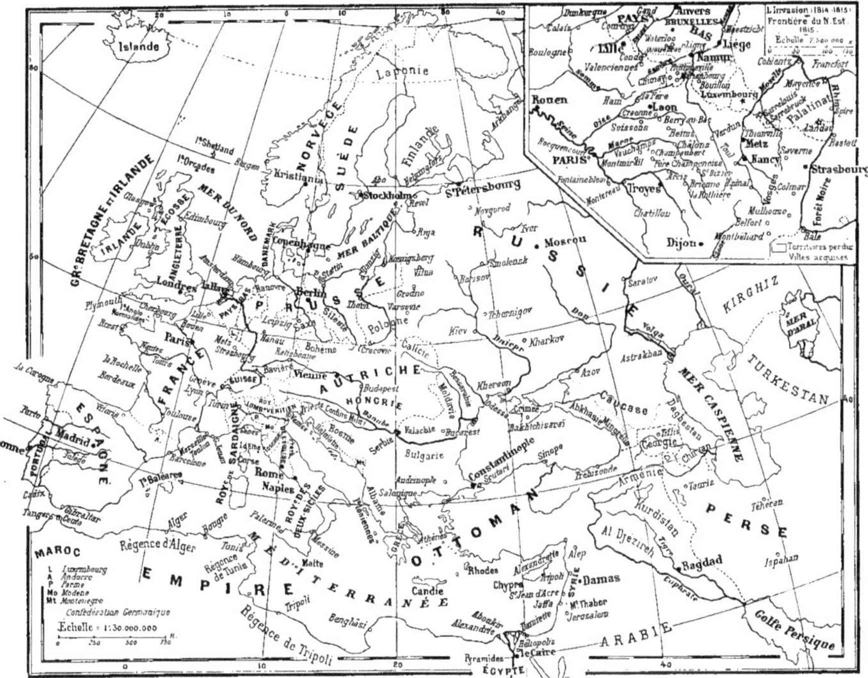


Le **congrès de Vienne** opère un remaniement général de la carte de l'Europe.

## I. LA FRANCE

La France est en butte à l'hostilité générale des États européens, qui ont la ferme volonté de l'empêcher de se relever.

Le **1er Traité de Paris (30 mai 1814)** rend à la France ses **frontières de 1789**, avec Mulhouse, Montbéliard, Avignon et Chambéry.

Le **2e Traité de Paris (20 nov. 1815)** :

1o rétrécit la frontière (perte des sources de l'Oise, de Bouillon, Sarrelouis, Sarrebrück, Landau, Porrentruy et Chambéry);

2o prend des mesures de défiance contre de nouvelles tentatives d'extension :

Constitution du **royaume des Pays-Bas** et des **forteresses fédérales** (Luxembourg, Sarrelouis, Mayence, Landau, Rastadt, Ulm);

Cession des provinces du Rhin à la Prusse et du Royaume lombardo-vénitien à l'Autriche; occupation du territoire français (Nord et Nord-Est) pendant trois à cinq ans, indemnité de guerre qui monte à trois milliards.

## II. LES GRANDES PUISSANCES

Malgré les efforts de Talleyrand et des petits États pour rétablir l'ancien ordre de choses avant la Révolution, le congrès de Vienne règle les remaniements territoriaux à l'avantage des grandes puissances.

**Angleterre.** — Elle garde ses acquisitions maritimes en Europe (**Helgoland, Malte, les Iles Ioniennes**), et ses conquêtes coloniales.

**Russie.** — Agrandissements sur le continent : **Finlande, Pologne** (Varsovie), **Bessarabie, Caucase.**

**Autriche.** — Elle perd la Belgique, la Souabe autrichienne et la Galicie septentrionale, mais recouvre le **Milanais** et gagne la **Vénétie** et ses annexes.

**Prusse.** — Elle perd une grande partie de la Pologne, mais s'agrandit de la **Westphalie**, des **provinces du Rhin**, et d'une partie de la **Saxe.**

## III. LES ÉTATS SECONDAIRES

**Confédération germanique.** — Trente-neuf États, restes du chaos féodal, sans cohésion, disputés entre l'Autriche et la Prusse.

**Royaume des Pays-Bas.** — **Belgique et Hollande** réunies.

**Suisse.** — Confédération de 22 cantons.

**Italie.** — Toujours divisée ;

**Royaume de Sardaigne** (maison de *Savoie*) : (Piémont, Ligurie, Sardaigne);

**Toscane, Parme, Modène** et **royaume lombardo-vénitien**, aux *Habsbourg* ;

**États pontificaux** ;

**Royaume de Naples**, aux *Bourbons*.

**Espagne et Portugal.** — Épuisés, vont perdre leurs colonies.

**Empire ottoman.** — Son affaiblissement provoque les guerres d'indépendance dans la Péninsule des Balkans et en Égypte.

**Suède.** — Reçoit la **Norvège**, enlevée au **Danemark**, qui obtient en échange le **Lauenbourg** et le **Holstein.**

**Conclusion.** — Le congrès de Vienne a dédaigné les aspirations nationales des peuples et réagi contre les idées de la Révolution. Il a imposé le droit du plus fort. Son œuvre est éphémère et caduque, car elle laisse subsister trois causes de désordres, qui amèneront les troubles et les guerres du XIXe siècle : le morcellement territorial de l'Italie, le séparatisme des États allemands, la domination musulmane dans la Péninsule des Balkans.

Trois grands faits marquent l'histoire du monde de 1750 à 1815 : 1° la suprématie maritime et commerciale de l'Angleterre, constituée aux dépens de la France; 2° l'émancipation des colonies américaines; 3° les explorations de l'Océan Pacifique.

## I. LUTTE ENTRE LA FRANCE ET L'ANGLETERRE (1689-1815)

L'Angleterre excite et soutient sur le continent les coalitions contre la France et ruine la marine et l'empire colonial français.

La lutte peut se diviser en 4 périodes :

1° **Guerres avec Louis XIV** (1689-1713).

1713. **Traité d'Utrecht.** — L'Angleterre enlève à la France Terre-Neuve, l'Acadie et les bouches du Saint-Laurent.

2° **Guerres de la Succession d'Autriche et de Sept ans** (1741-1763).

1763. **Traité de Paris.** — La France perd tout son empire colonial : le **Canada** (sauf Saint-Pierre et Miquelon), **les Indes** (sauf cinq villes, Pondichéry, Yanaon, Mahé, Karikal, Chandernagor), le **Sénégal** (sauf Gorée), les **Antilles** (neutralisées), la **Louisiane** (cédée partie à l'Angleterre et partie à l'Espagne).

3° **Guerres de l'Indépendance américaine** (1776)

1783. **Traité de Versailles.** — La France recouvre le Sénégal, Sainte-Lucie et Tabago. L'Angleterre rend la Floride et Minorque à l'Espagne.

4° **Guerres de la République et de l'Empire** (1792-1815).

1814-1815. **Traités de Paris et de Vienne.** — Défaite définitive de la France. L'Angleterre est souveraine incontestée des mers et possède un immense empire colonial. La France n'a plus en 1815 que quelques débris :

en Amérique : **Saint-Pierre** et **Miquelon**, la **Martinique**, la **Guadeloupe**, et une partie de la **Guyane** ;

en Afrique : le **Sénégal**, des comptoirs sur la côte de Guinée, la **Reunion** (Bourbon);

en Asie : les **cinq villes des Indes** : Pondichéry, Yanaon, Mahé, Karikal, Chandernagor ; des droits sur Tourane (Annam).

## LE MONDE EN 1815

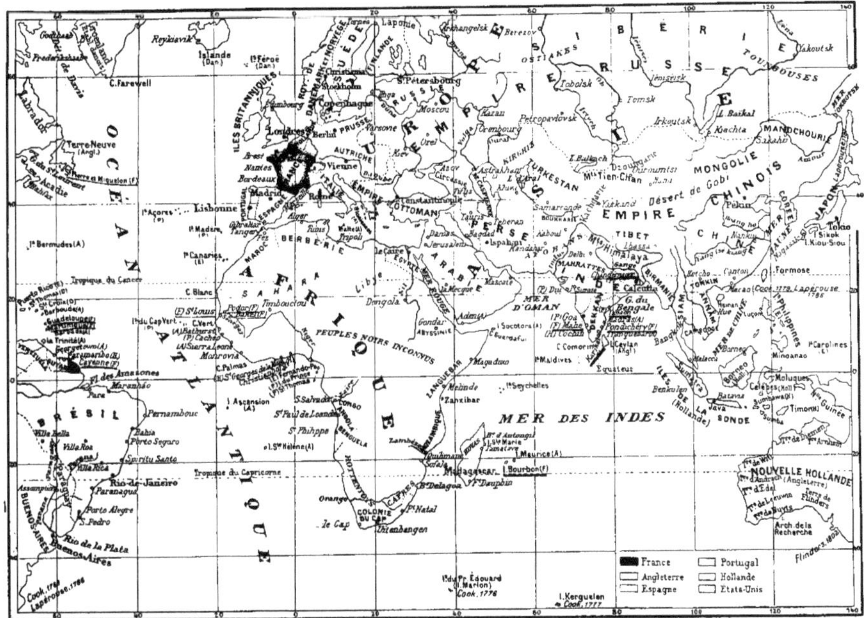


## II. — ÉMANCIPATION DES COLONIES AMÉRICAINES

L'affranchissement du Nouveau-Monde a été accompli de 1776 à 1830. Les États-Unis ont donné le signal.

### 1° Amérique anglo-saxonne.

1618-1732. Formation des 13 colonies américaines : **Massachusetts, New-Hampshire, Connecticut, Rhode-Island, New-York, New-Jersey, Pensylvanie, Delaware, Maryland, Virginie, Caroline du Nord, Caroline du Sud, Géorgie.**

**Causes du soulèvement** : les monopoles commerciaux de l'Angleterre ; les impôts.

1776. Déclaration d'Indépendance 1776. Appui de la France.

1781. Prise de **York-Town.**

1783. **Traité de Paris.** — Reconnaissance de l'indépendance des 13 États-Unis. — *Washington*, premier Président.

1803. Acquisitions : la **Louisiane** (vendue par le Premier Consul) : **Vermont** (1791) ; **Kentucky** (1792) ; **Tennessee** (1793) ; **Ohio** (1802).

### 2° Amérique hispano-portugaise.

1808-1825. Soulèvements des colonies espagnoles.

**Mexique** (*Hidalgo, Iturbide* et *Santa-Anna*).

**Colombie** (*Bolivar* et *Miranda*).

**Pérou** et **Rio de la Plata** (*Sucre* et *Saint-Martin*).

1824-1830. Essais de groupement : Mexique, Amérique centrale, États-Unis de Colombie, Pérou, République Argentine.

1830. Morcellement en 15 républiques : **Mexique, Guatemala, Honduras, San Salvador, Nicaragua, Costa-Rica, Nouvelle-Grenade, Vénézuéla, Equateur, Pérou, Chili, Bolivie, République Argentine, Paraguay, Uruguay.**

1808. La maison de Bragance se réfugie au Brésil.

1822. Le **Brésil** devient un empire constitutionnel.

**Toute l'Amérique est indépendante, sauf le Canada et les Antilles.**

## III. — EXPLORATIONS SCIENTIFIQUES ET DÉCOUVERTES

Deux nations contribuent surtout à la conquête scientifique du globe : la France et l'Angleterre. C'est une lutte pacifique, féconde surtout dans les intervalles des guerres de deux nations.

### 1° Explorations maritimes de l'océan Pacifique.

**Anglais**. — 1741, *Anson*. — 1764-66, le commodore *Byron*. — 1766-68, *Wallis* et *Carteret*. — 1768-79, les trois voyages de *James Cook*, sa mort aux îles Sandwich.

**Français**. — 1766-69, *Bougainville*. — 1785-88, *La Pérouse*, son naufrage aux îles Vanikoro. — 1791, *d'Entrecasteaux*. — 1803, *Baudin*.

**Résultats**. — Reconnaissance des archipels et îles de la **Polynésie : Tahiti**, les **Sandwich**, la **Nouvelle-Zélande**, la **Nouvelle-Calédonie**, la **Nouvelle-Guinée**, toute l'**Australie**.

Recherche inutile du continent austral.

Exploration des mers de Béring et d'Okhotsk.

1788. Établissement de **Sydney** (Australie).

### 2° Explorations continentales.

*Lacaille* (1751) et *Le Vaillant* (1780-85) au Cap.

*James Bruce* en Abyssinie (1769-71). Découverte de la source du Nil bleu.

*Carten Niebuhr* en Arabie.

*Volney, Choiseul-Gouffier*, le *chevalier de Beauchamp* en Égypte, Syrie et Asie Mineure.

*Pallas* de Moscou à Okhotsk.

1799-1804. *Alexandre de Humboldt* et *Bonpland* dans l'Amérique du Sud.

Avec *Mungo Park* (1795-1805) commencent les explorations vers le centre de l'Afrique ; avec *John Ross* et *Parry* (1818) les explorations des régions arctiques ; avec *Sturt* (1829) les explorations à l'intérieur du continent australien.

# ÉTATS-UNIS ET MEXIQUE (XIXᵉ SIÈCLE)

(LIMITES EN 1898)

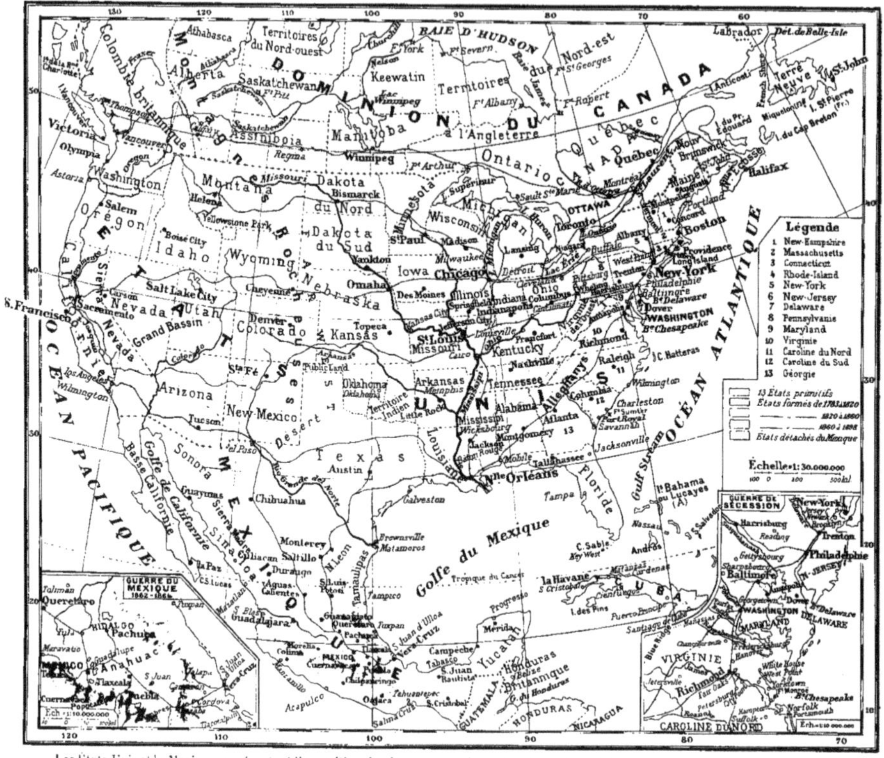


Les États-Unis et le Mexique représentent l'opposition des deux races qui ont peuplé les deux Amériques, les *Anglo-Saxons* (race germanique), dans l'Amérique du Nord, les *Hispano-Portugais* (race latine), dans l'Amérique du Sud et du Centre.

L'Amérique anglo-saxonne cherche à absorber les deux continents américains. L'Amérique latine défend sa nationalité.

## I. — ÉTATS-UNIS

**Croissance rapide en un siècle**, expliquée :

1° par *les premiers colons*. Chefs de famille émigrant ou bannis d'Angleterre, avec leurs familles et leur fortune, sans esprit de retour. (Puritains au nord, dans la Nouvelle-Angleterre : catholiques au sud, dans le Maryland et la Virginie).

2° par *l'immigration*. Attirée par la découverte de terres fertiles et de mines inépuisables, commence dès la fin du XVIIIᵉ siècle. La population a passé de 4 millions (1776) à 65 millions (1898).

3° par *les annexions*. Pacifiques : **Louisiane**, vendue par Bonaparte (1803). **Floride**, achetée à l'Espagne (1819) ; **Alaska**, vendue par la Russie (1867) ;

Violentes : Guerre avec le Mexique. **Traité de Guadalupe** (1848). Annexion du **Texas**, du **Nouveau-Mexique**, de l'**Arizona** et de la **Californie**.

**Guerre de sécession.** — **Causes :** oppositions d'intérêts, d'opinions et de religion entre États du Nord (*fédéraux*), puritains, manufacturiers, protectionnistes, et États du Sud (*confédérés*), catholiques, agricoles, libre échangistes.

**Prétexte** : l'abolition de l'esclavage, nécessaire aux planteurs du Sud.

Les États du Sud, inférieurs en nombre et en ressources industrielles, succombent après une lutte opiniâtre et meurtrière de quatre années (1861-1865).

**Résultats** : Dette de 15 milliards (éteinte en vingt ans). Hostilité latente entre les États du Sud et les États du Nord. Causes de divisions et germes de séparatisme dans une agglomération trop vaste d'États (47 États en 1898).

## II. — MEXIQUE

Le plus puissant des États issus des colonies espagnoles : par sa situation au centre des deux Amériques, entre les deux Océans, par son sol, par l'homogénéité de la race.

1808-1825. Soulèvement et indépendance.

1825-1860. Longue anarchie. Guerres civiles.

1860. Présidence de *Juarez*, Indien d'origine. Troubles incessants, difficultés financières avec la France, l'Espagne et l'Angleterre, qui interviennent militairement.

Convention de la Soledad (1862). **Guerre du Mexique.**

La France poursuit seule l'expédition.

1862-63. Prise de Puebla et de Mexico.

1863. L'archiduc *Maximilien* est proclamé empereur du Mexique.

1863-1867. Les troupes françaises sont obligées de conquérir le Mexique pour le compte du nouvel empereur.

1867. Évacuation du Mexique devant l'intervention menaçante des États-Unis. Sacrifices inutiles.

1867. Mort de Maximilien, fusillé à Queretaro.

Le Mexique se relève sous la longue présidence de *Porfirio Diaz* (1876-1898). Amélioration progressive.

# L'EUROPE CENTRALE (1815-1871)
(LIMITES EN 1871)

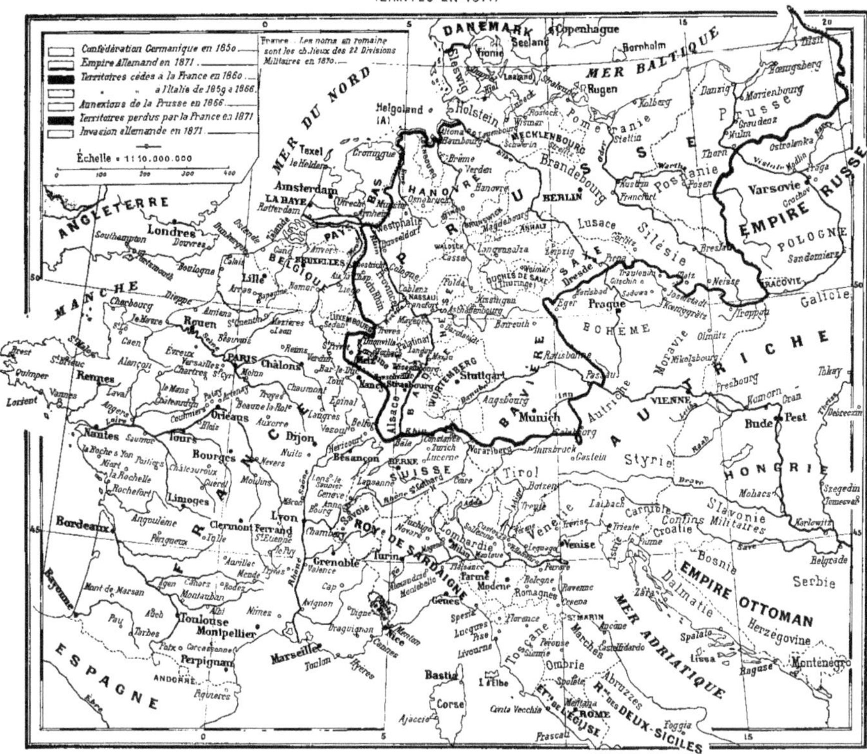


Les changements territoriaux, survenus dans l'Europe centrale et occidentale depuis 1815, sont le résultat des aspirations nationales des peuples, soit qu'ils brisent violemment des liens noués par la conquête et contraires à leur constitution normale (Grèce, États danubiens, Belgique), soit qu'ils se groupent au contraire pour former des unités de langue, de race et de politique (Italie, Allemagne).

La France, par l'appui de ses armes ou par le mouvement d'idées qu'elle suscite, aide les États danubiens, la Grèce, la Belgique et l'Italie à s'affranchir. Elle subit au contraire elle-même un recul dans sa formation nationale, par le fait de l'unité allemande.

## I. UNITÉ ITALIENNE

Les aspirations vers l'indépendance et les tentatives de groupement des peuples italiens sont violemment réprimées par l'Autriche : à Turin et à Naples (1820-21) ; dans les Romagnes (1830-32).

La politique du Piémont tend à affranchir et à unifier l'Italie, en provoquant les insurrections libérales et les annexions volontaires.

1848-1849. — Révolution dans la Lombardie et la Vénétie. La République à Venise, Florence et Rome. L'Autriche réprime ces mouvements. Intervention française à Rome en faveur du pape.

1859. — **Guerre d'Italie.** Intervention de la France.

**Paix de Zurich.** — L'Autriche cède au Piémont la **Lombardie** jusqu'au Mincio.

1860-61. Les duchés (**Parme, Modène, Toscane**) et les **Romagnes** se soulèvent et se donnent au Piémont. Expédition des Mille en **Sicile** et à **Naples.**

1861 (14 mars). Création du **royaume d'Italie.**

1866. Alliance avec la Prusse contre l'Autriche.

**Traité de Prague.** — L'Autriche cède la **Vénétie** à la France, qui la remet à l'Italie.

1870. L'Italie profite de la défaite de la France pour annexer les **États de l'Église** et **Rome**, qui redevient la capitale de l'Italie.

## II. UNITÉ ALLEMANDE

1815-1848. La Sainte-Alliance étouffe et comprime les aspirations libérales des peuples allemands. Le mouvement vers l'unité est enrayé par l'antagonisme de l'Autriche et de la Prusse.

1848-1850. Révolutions partielles. **Parlement de Francfort.** Avortement des tentatives d'unité. Des députés ont réclamé l'annexion de l'Alsace et de la Lorraine à la patrie allemande.

1850. **Convention d'Olmütz.** — Rétablissement de l'ancienne **Confédération germanique**

1864-1871. **Progrès de la Prusse.** — Elle constitue l'unité allemande par la conquête, en trois guerres :

1° Avec le Danemark. 1864-65.

**Traité de Vienne** et **Convention de Gastein.** — La Prusse annexe de force le **Sleswig** et l'Autriche le Holstein.

2° Entre la Prusse et l'Autriche. 1866.

**Traité de Prague.** — La Prusse annexe le **Holstein**, le **Hanovre**, la **Hesse-Nassau** et **Francfort-sur-le-Mein.**

3° Entre la France et la Prusse. 1870-71.

**Traité de Francfort.** Annexion de l'Alsace et de la Lorraine.

1871. Création de l'**Empire allemand** héréditaire en faveur du roi de Prusse (18 janvier.)

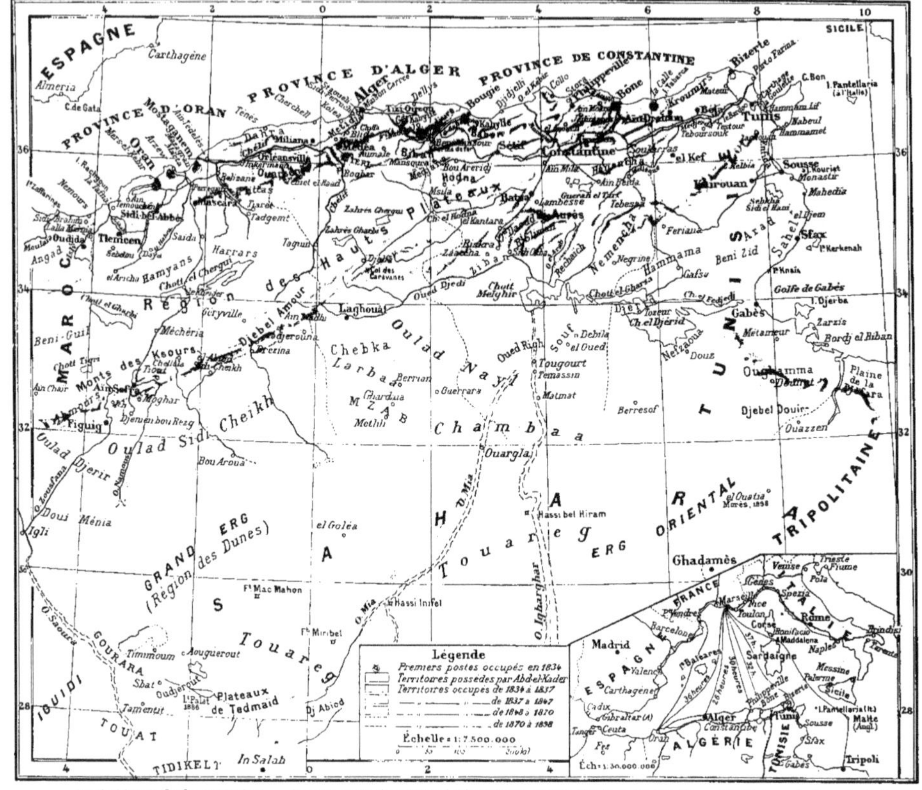


**Antécédents de la conquête.** — Guerres contre les pirates barbaresques, établis depuis le XVIe siècle. — Établissements français de la **Calle** (1594) et de **Djijelli** (1665). — Bombardements d'Alger, de Tunis, de Tripoli (1681-83), de Bizerte (1769).

## I. — ALGÉRIE (1830-1871)

**Causes de l'expédition d'Alger** : Insultes du dey d'Alger au consul français. Charles X est entraîné par l'idée d'une croisade nouvelle. — **Prise d'Alger** (5 juillet 1830).

**1° L'occupation restreinte** (1830-1841). — Difficultés et lenteurs résultant : 1° des hésitations politiques; 2° de la nature du pays, divisé en compartiments distincts; 3° du fanatisme musulman; 4° de l'hostilité de l'Angleterre.

L'hostilité mutuelle des tribus berbères et arabes facilite la conquête.

1830-33. Occupation d'**Oran, Arzeu, Mostaganem, Bougie, Bône**. Création des troupes légères et des bureaux arabes.

1837. Prise de **Constantine**. — **Traité de la Tafna**. — *Abd el Kader* est reconnu émir des provinces d'Oran et de Titery.

**2° L'occupation étendue** (1841-1871). — L'Algérie n'a pas de frontières vers le sud. Pour garder le littoral, il faut tenir le Tell. Pour garder le Tell, il faut tenir les nomades des Hauts-Plateaux, puis ceux du Sahara.

1841-47. Guerre contre Abd el Kader. — 1843. Enlèvement de la Smala.

1844. Guerre avec le Maroc. **Bataille de l'Isly**. — 1844. **Traité de Tanger.**

1851-57. Conquête de la **Kabylie**. — La conquête de la Kabylie marque l'achèvement de la période de conquête. Plusieurs insurrections (Flittas, 1864), (Kabylie, 1871), (Aurès, 1879), (Sud oranais, 1882) ont troublé le pays, sans entraver la colonisation.

## II. — TUNISIE (1881)

**Causes de la conquête :** Razzias des tribus khroumirs. Convoitises de l'Italie. Nécessité de ne pas laisser la Tunisie à une autre puissance.

1881. Expédition rapide dans le pays des Khroumirs et des Mogods; entrée à Tunis.

**Traité du Bardo** (12 mai). **Protectorat.** Prospérité croissante. Pacification absolue.

## III. — LE SAHARA

Hostilité des grands nomades (Chambaa,Ouladh Sidi Cheikh, Touareg, etc.).

Occupation progressive des oasis sahariennes ;

1873. **El Goléah. — Ouargla.**

1882. **Mzab** : Ghardaïa. — 1896-1897. Création des forts **Mac-Mahon** et **Miribel,** dans la direction et près d'**Insalah (Touât)**.

1890-92. Traversée du Soudan, du Sahara et de la Tripolitaine par le commandant *Monteil.*

**Conclusion.** — L'Algérie, avec la Tunisie, est le prolongement de la France. Il s'y forme un peuple nouveau de race latine.

Elle procure des débouchés sérieux à notre industrie, à notre commerce, à notre marine marchande. Elle nous assure la prépondérance dans la Méditerranée occidentale. C'est une terre d'entraînement pour notre armée et de colonisation pour notre population.

# LA QUESTION D'ORIENT (XIXe SIÈCLE)

(LIMITES DES ÉTATS EN 1898)

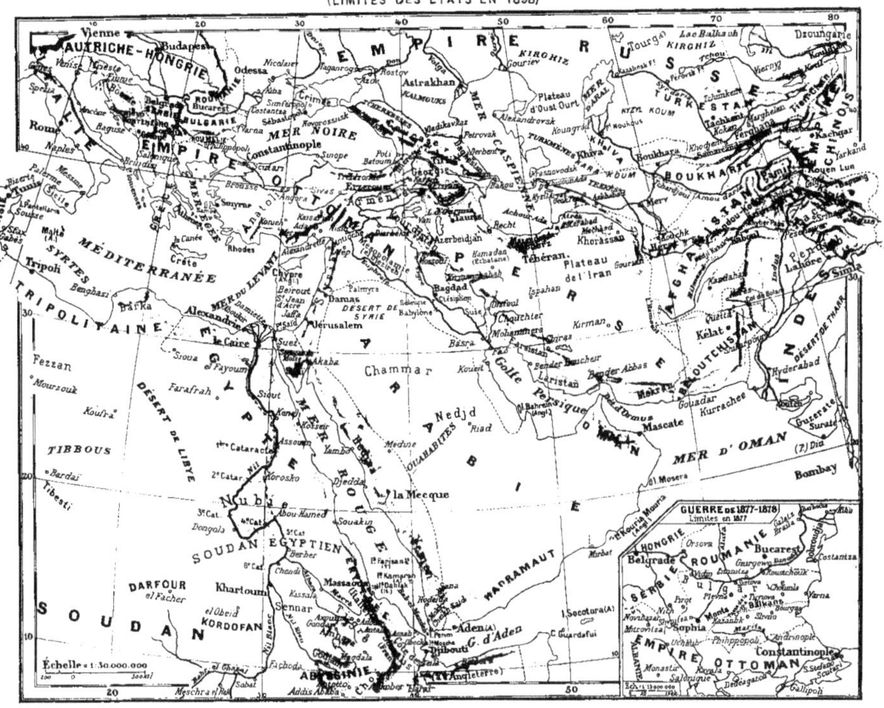


I. — LUTTE DE L'EUROPE CHRÉTIENNE CONTRE LE MONDE MUSULMAN

### Démembrements de l'empire ottoman (XIXe siècle).

1° 1821-1829. Soulèvements de la Grèce. Bataille de Navarin (1827).

1829. **Traité d'Andrinople.** — Indépendance de la **Grèce** (limitée aux golfes de Volo et d'Arta); de la **Serbie** (principauté).

La **Moldavie** et la **Valachie** forment des principautés vassales de l'empire ottoman, sous le patronage de la Russie.

2° 1854-56. **Guerre de Crimée.** — L'Empire ottoman, menacé par la Russie d'un nouveau démembrement, est sauvé par l'intervention de la France et de l'Angleterre.

1856. **Traité de Paris.** — La mer Noire est neutralisée.

1858. Union de la Moldavie et de la Valachie (**Roumanie**).

3° 1877-78. **Guerre turco-russe. Traité de San Stefano.**

1878. **Traité de Berlin.** — La Russie prend la Bessarabie.

La **Roumanie** (royaume en 1881) reçoit en échange la Dobroudja.

La **Serbie** (royaume en 1882) reçoit Nich et Pirot.

Le **Monténégro** reçoit Podgoriza (en 1880, Antivari et Dulcigno).

La **Bulgarie** et la **Roumélie** forment deux principautés vassales qui s'unissent en 1885.

La **Bosnie** et l'**Herzégovine**, avec **Novi-Bazar**, sont occupées militairement par l'Autriche, qui vise Salonique.

La **Grèce** reçoit la Thessalie. L'Angleterre prend **Chypre.**

**Conclusion.** — Le monde musulman recule d'Europe, mais tient de plus en plus l'Asie occidentale et centrale et l'Afrique septentrionale. Le sultan de Constantinople reste le chef religieux de l'Islam.

II. — RIVALITÉ DE L'ANGLETERRE ET DE LA RUSSIE

### 1° Progrès de la Russie en Asie.

1° Par le **Caucase** vers l'Asie Mineure et la Perse.

1801-1859. **Caucase. Géorgie** et **Circassie.**

1828. **Arménie persane** (Érivan).

1878. Batoum, Ardahan, Kars, **Arménie russe.**

La Russie encourage les révoltes des Arméniens et tient la Perse sous son influence (chemin de fer de Téhéran par Tiflis et Tauris).

2° Par l'**Asie centrale** et la **Sibérie** vers la Chine.

1845-1885. **Conquête du Turkestan.** Le chemin de fer transcaspien. Visées sur le **Turkestan chinois** (Kouldja et Kachgar).

1895-97. **Pamir.** Visées sur **Hérat** (chemin de fer de Kouchk).

1858-1875. Immigration progressive dans la Sibérie méridionale.

1895. Le transsibérien. **Vladivostok**, port russe du Pacifique. Pénétration en Chine. Établissement à **Port-Arthur** et **Ta-lien-wan.** Le transmandchourien, prélude de l'annexion de la **Mandchourie.**

### 2° Progrès des Anglais.

Les Anglais défendent leurs frontières des Indes contre l'expansion russe et contre le fanatisme musulman.

1839-1842 et 1878-1880. Expéditions contre les Afghans.

1891-95. **Béloutchistan, Ouaziristan, Khoundjount, Yassim** et **Kafiristan.** Règlement des frontières avec la Russie.

Protectorat sur l'**Afghanistan**, influence précaire.

**Conclusion.** — Les Anglais se maintiennent par la force dans les régions frontières de l'Asie centrale, tandis que les Russes assimilent les peuples qu'ils ont soumis. L'avenir est du côté de la Russie.

# L'EUROPE MILITAIRE EN 1898

(LES NATIONS ARMÉES)

| | Population. | Armée de Paix. | Armée de Guerre (1re et 2e lignes). | Effectif mobilisé. | Ressources en hommes. |
|---|---|---|---|---|---|
| France | 39.000.000 | 570.000 | 2.200.000 | 3.[illegible].000 | 5.000.000 |
| Russie | 116.000.000 | 780.000 | 2.600.000 | 5.000.000 | 14.000.000 |
| Allemagne | 53.000.000 | 580.000 | 2.400.000 | 4.400.000 | 6.400.000 |
| Autriche-Hongrie | 42.000.000 | 360.000 | 1.800.000 | 2.000.000 | 3.000.000 |
| Italie | 32.000.000 | 256.000 | 850.000 | 1.700.000 | 2.800.000 |

A la suite de la guerre de 1870-71 entre la France et l'Allemagne, la France et tous les États européens ont adopté l'organisation militaire, à laquelle la Prusse avait dû ses succès, et qu'on a appelé le système de la **nation armée**.

Ce nouveau système n'est pas un fait accidentel, résultant de la nécessité impérieuse de se défendre avec toutes ses forces contre la supériorité et les convoitises d'un État. *La nation armée est la conséquence directe de la Révolution française.*

L'égalité de tous les citoyens devant la loi a pour corollaire la participation de tous aux charges de l'État. Aux droits de l'homme correspondent les devoirs sociaux, l'*impôt de l'argent* a pour contre-partie l'*impôt du sang*.

C'est la France qui a appliqué la première le système de la nation armée dans le grand appel aux armes de 1792 à 1795. La Prusse, qui faillit en mourir en 1806, n'a fait que le reprendre à son profit en le perfectionnant.

Le principe de la nation armée a pour bases : 1° Le **service personnel** de tous les citoyens valides, de 20 à 45 ans ; 2° L'utilisation et l'organisation de toutes les ressources de l'État pour la **Défense nationale**.

La carte de l'Europe militaire montre : 1° L'organisation territoriale de chaque État en **corps d'armée** ; 2° L'organisation défensive des frontières et des théâtres d'opérations éventuels en **régions fortifiées**, destinées à limiter et à arrêter l'invasion, et à assurer la concentration des armées d'opérations.

**Conclusion**. — Le système des nations armées, qui se justifie à la fois par ses origines naturelles et par l'influence morale qu'il peut et doit exercer sur l'éducation de la nation, a maintenu la paix en Europe depuis 1871, mais au prix de grands sacrifices d'argent, dont le poids sur les budgets est de plus en plus lourd.

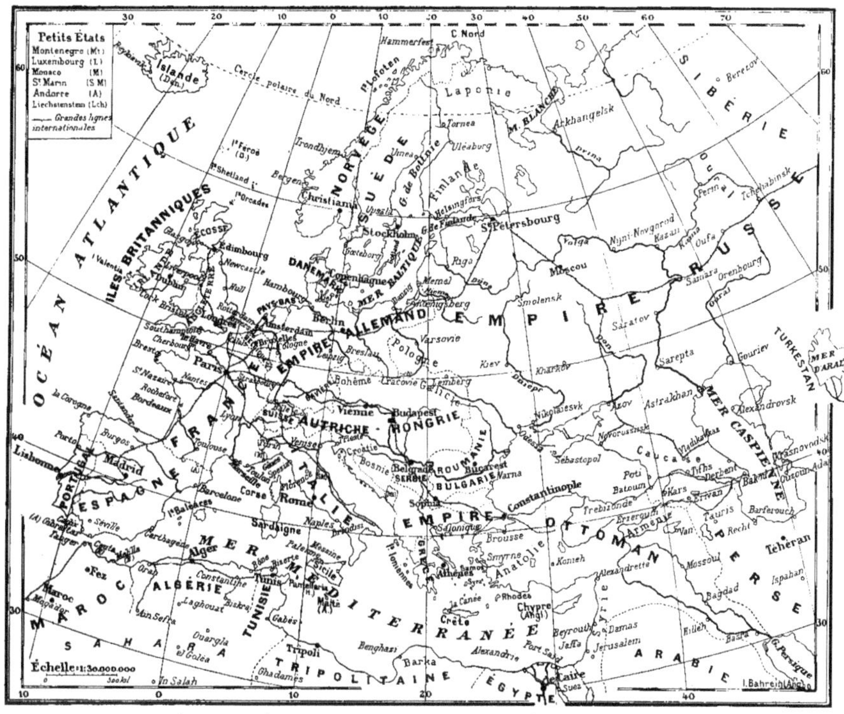


## PLUS D'UNITÉ POLITIQUE

Le vieil équilibre européen de 1815 est rompu au profit de l'Allemagne (Puissance militaire) et de l'Angleterre (Puissance coloniale).

**Grands États.** — **L'Angleterre** développe ses libertés, accroît sa richesse et ses colonies, mais continue d'opprimer l'Irlande.

La **France**, héritière de la Révolution, cherche à organiser sagement sa puissante démocratie, et renouvelle l'empire colonial rêvé par Colbert et Dupleix.

**L'Allemagne** s'est unifiée sous la dure main des Hohenzollern, en asservissant par la force des Français, des Danois et des Polonais, et progresse remarquablement.

**L'Autriche** a concédé le *dualisme* à l'antagonisme séculaire de ses races (allemande, hongroise, tchèque, slave, etc.), qui menace les Habsbourg de nouvelles crises.

**L'Italie** doit son unité autant à l'opiniâtre politique de la maison de Savoie qu'aux souvenirs de l'Empire romain et à des alliances étrangères.

La **Russie** continue son travail intérieur et extérieur de formation, en cherchant à grouper autour d'elle les Slaves d'Europe et les Mongols d'Asie.

**États secondaires.** — Ces États suivent leurs destinées, sans qu'aucun courant général les entraîne. Les uns sont neutres par les traités, les autres par le fait de leur situation intérieure. Ils sont jaloux de leur indépendance, inquiets aussi du sort que leur réservent les convoitises et les désaccords des grands États. Les démembrements de l'**Empire ottoman** sont la fin d'un « campement » militaire qui s'est superposé à des races diverses sur un territoire naturellement morcelé, sans les assimiler.

**Groupements politiques.** — Le *concert européen* n'existe qu'en apparence : il a été impuissant à conjurer les querelles de la Turquie contre la Grèce (1897) et des États-Unis contre l'Espagne (1898). Mais des groupements nouveaux tendent à se substituer à ce soi-disant concert : c'est pour le moment la *triple alliance* de l'Allemagne, de l'Autriche et de l'Italie, à laquelle la *double alliance* de la France et de la Russie fait un utile contrepoids. L'Angleterre, grâce à sa situation isolée, peut toujours choisir et changer ses alliés, suivant l'intérêt du moment. Les succès des États-Unis entraînent les hommes d'État anglais à fortifier l'alliance des peuples d'origine anglo-saxonne.

## PAS D'UNITÉ MORALE

Malgré la pénétration intime résultant des communications rapides, les États européens dressent toujours plus haute la barrière des tarifs protectionnistes.

Malgré les progrès de la liberté politique et de l'égalité sociale, les rêveries des socialistes et les haines farouches de l'anarchie peuvent amener des bouleversements nouveaux.

Malgré l'espoir justement fondé sur les progrès de l'instruction, les lettres et les arts servent trop souvent à corrompre et les sciences à détruire.

Ainsi, aux difficultés politiques, qu'entraînent pour l'Europe l'existence des **questions d'Orient**, du **Rhin**, d'**Irlande**, et les dissentiments coloniaux, se joignent les malaises économiques et la crainte des révolutions intérieures.

**Conclusion.** — Le rêve généreux des **États-Unis d'Europe**, assurant la paix universelle par des arbitrages, semble donc plus éloigné que jamais ; chaque État garde la personnalité que lui ont faite ses *ancêtres*, son *sol*, son *climat*.

L'union de l'Europe est cependant nécessaire pour maintenir sa suprématie dans l'Ancien Monde, et se défendre à la fois contre les ambitions menaçantes du Nouveau-Monde et les concurrences économiques des peuples travailleurs de l'Asie, les Chinois et surtout les Japonais.

# LE MONDE EN 1898

## (L'EXPANSION EUROPÉENNE)

**Caractère général.** — La fin du XIXᵉ siècle est marquée par l'**expansion européenne** dans le reste du monde. L'Europe a un territoire restreint, une population très dense. Elle déverse le trop-plein de ses habitants dans les *colonies de peuplement* du Nouveau Monde (Amérique, Océanie), formant ainsi des peuples nouveaux. Elle reçoit les matières premières et les denrées d'alimentation, qui lui manquent, des *colonies d'exploitation* de l'Ancien Monde (Asie, Afrique).

### I — PARTAGE DE L'ASIE

L'Europe a été peuplée par des migrations de races asiatiques. Elle revendique aujourd'hui la suzeraineté des vieux peuples d'Asie, pour mettre en valeur leurs richesses immobilisées.

**Les Russes.** — Conquête continentale, extension favorisée par la disposition du sol (Basse Europe, Basse Asie) et par l'analogie des races.
**Caucase, Transcaucasie, Asie Mineure, Perse, Turkestan, Sibérie Mandchourie.** (Voir carte 43.) Chemins de fer transcaspien et transsibérien.

**Les Anglais.** — Défense de l'Inde. Occupation des stations navales.
Empire indien et dépendances : **Ceylan, Béloutchistan, Birmanie, Afghanistan.** Stations navales principales : **Aden, Malacca. Singapour, Hong-Kong, Veï-Haï-Veï.**

**Les Français.** — Les cinq villes de l'Inde, souvenir d'une grande épopée coloniale.
**L'Indo-Chine (Cochinchine, Cambodge. Annam, Tonkin, Laos, bassin du Mékong).** Pénétration dans la Chine méridionale, projets de chemin de fer vers **Yun-nan-fou** et **Ou-tchéou.**

**Revendications prévues.** — Démembrement de l'Empire ottoman ; absorption du Siam par l'Angleterre. Démembrement de la Chine, de l'Afghanistan et de la Perse.

A la suite de la guerre avec le Japon (**Traité de Simonosaki**, 1895), la Chine subit la main mise de l'Europe. Le Japon a pris **Formose** et les **Pescadores**, la Russie occupe **Port-Arthur** et **Ta-lien-wan**, l'Allemagne s'est fait céder violemment la baie de **Kiao-Tchéou**, qui lui ouvre le Chang-Toun, les Anglais par compensation se sont installés à **Veï-Haï-Veï** et sur le Yan-tsé-Kiang, la France s'est contentée de garantir sa pénétration dans la Chine méridionale par l'occupation de la baie de **Kouang-Tchéou**, au nord d'Haïnan. Ce sont des préludes de démembrement, mais si la Chine officielle est atteinte, la vraie Chine intérieure, la grande masse du peuple chinois (300 millions d'habitants) est intacte, et on ne peut prévoir quelles seront les suites de l'ébranlement occasionné dans cette masse par la pénétration européenne et l'apparition de la voie ferrée.

# LE MONDE EN 1898

(L'EXPANSION EUROPÉENNE)

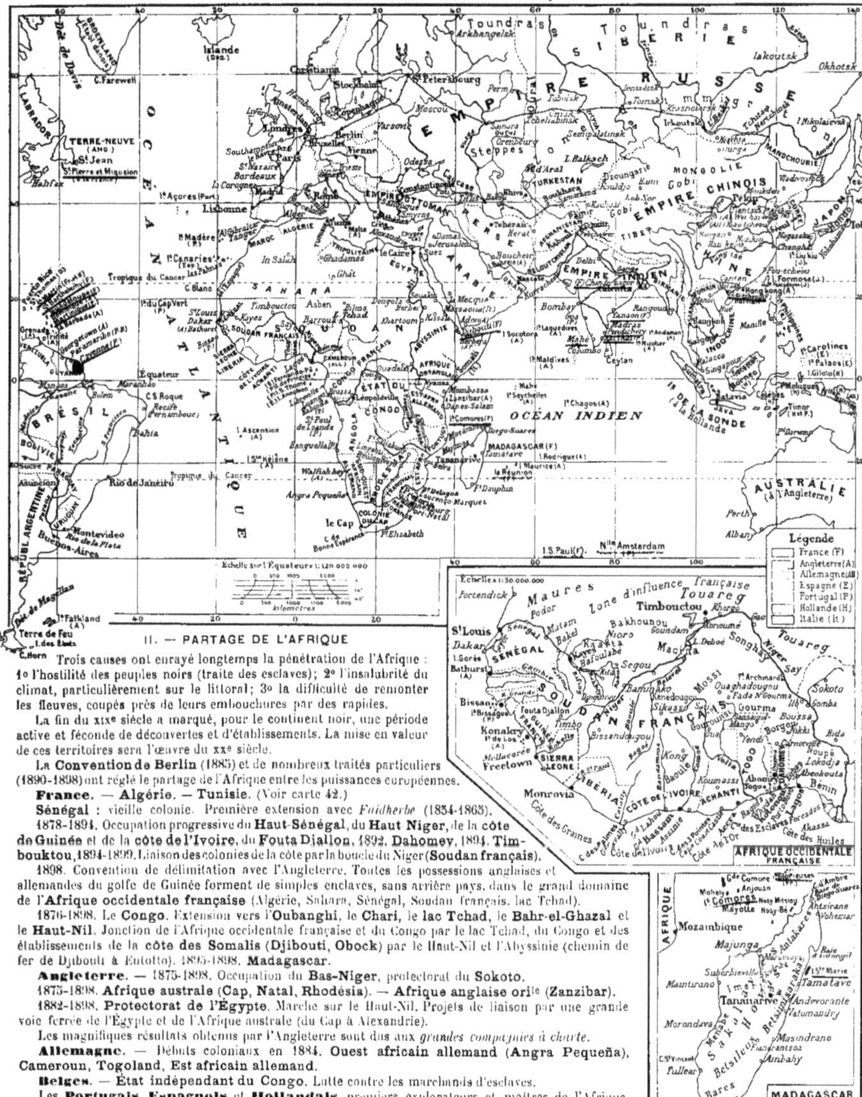


## II. — PARTAGE DE L'AFRIQUE

Trois causes ont enrayé longtemps la pénétration de l'Afrique : 1° l'hostilité des peuples noirs (traite des esclaves); 2° l'insalubrité du climat, particulièrement sur le littoral; 3° la difficulté de remonter les fleuves, coupés près de leurs embouchures par des rapides.

La fin du XIXe siècle a marqué, pour le continent noir, une période active et féconde de découvertes et d'établissements. La mise en valeur de ces territoires sera l'œuvre du XXe siècle.

La **Convention de Berlin** (1885) et de nombreux traités particuliers (1890-1898) ont réglé le partage de l'Afrique entre les puissances européennes.

**France. — Algérie. — Tunisie.** (Voir carte 42.)

**Sénégal** : vieille colonie. Première extension avec *Faidherbe* (1854-1865).

1878-1894. Occupation progressive du **Haut-Sénégal**, du **Haut Niger**, de la **côte de Guinée** et de la **côte de l'Ivoire**, du **Fouta Djallon**, 1892. **Dahomey**, 1894. **Timbouktou**, 1894-1899. Liaison des colonies de la côte par la boucle du Niger (**Soudan français**).

1898. Convention de délimitation avec l'Angleterre. Toutes les possessions anglaises et allemandes du golfe de Guinée forment de simples enclaves, sans arrière pays, dans le grand domaine de l'**Afrique occidentale française** (Algérie, Sahara, Sénégal, Soudan français, lac Tchad).

1876-1898. Le **Congo**. Extension vers l'**Oubanghi**, le **Chari**, le **lac Tchad**, le **Bahr-el-Ghazal** et le **Haut-Nil**. Jonction de l'Afrique occidentale française et du Congo par le lac Tchad, du Congo et des établissements de la **côte des Somalis** (**Djibouti, Obock**) par le Haut-Nil et l'Abyssinie (chemin de fer de Djibouti à Entotto). 1895-1898. **Madagascar**.

**Angleterre.** — 1875-1898. Occupation du **Bas-Niger**, protectorat du **Sokoto**.

1875-1898. **Afrique australe** (**Cap, Natal, Rhodésia**). — **Afrique anglaise orle** (**Zanzibar**).

1882-1898. **Protectorat de l'Égypte**. Marche sur le Haut-Nil. Projets de liaison par une grande voie ferrée de l'Égypte et de l'Afrique australe (du Cap à Alexandrie).

Les magnifiques résultats obtenus par l'Angleterre sont dus aux *grandes compagnies à charte*.

**Allemagne.** — Débuts coloniaux en 1884. **Ouest africain allemand** (**Angra Pequeña**), **Cameroun, Togoland, Est africain allemand.**

**Belges.** — **État indépendant du Congo**. Lutte contre les marchands d'esclaves.

Les **Portugais**, **Espagnols** et **Hollandais**, premiers explorateurs et maîtres de l'Afrique, ont gardé quelques positions. Les États d'origine hollandaise (**Transvaal, Orange**) ont seuls de la vitalité, mais finiront par se perdre dans la grande fédération anglo-saxonne de l'Afrique australe.

**Conclusion.** — Il n'y a plus une terre vacante dans le Monde. Les Européens trouveront des rivaux économiques dans les peuples nouveaux, formés par eux (Américains, Australiens, Afrikanders) et dans les peuples qu'ils ont réveillés (Japonais, Chinois).

## LE TERRITOIRE

Depuis 1815, le territoire a été modifié à deux reprises :

1° En 1860. **Traité de Turin.** — Le Piémont, après avoir fondé l'unité italienne avec l'aide de la France, rend la **Savoie** et le **Comté de Nice**, qui appartiennent naturellement au sol français. Cette annexion est ratifiée par un plébiscite des populations.

2° En 1871. **Traité de Francfort.** — L'Allemagne, unifiée par la Prusse, arrache à la France l'**Alsace** et une partie de la **Lorraine**, avec **Metz** et **Strasbourg**, comme terres germaniques. Cette annexion est faite sans consulter les populations, qui protestent depuis lors contre cette violation du droit par la force.

## LE RELÈVEMENT DE LA FRANCE

La France, accablée en 1871, s'est relevée :

par l'**armée** : réorganisation militaire, division du territoire en 20 corps d'armée, service obligatoire et personnel ;

par l'**enseignement** : les seize universités et l'école obligatoire ;

par le **travail national** : développement remarquable de l'industrie, des voies de communications, de la richesse publique ;

par l'**expansion coloniale**. (V. domaine colonial, cartes 46-47.)

La France traverse encore une crise grave, au point de vue de la natalité et de l'agriculture, mais elle a montré, dans le cours de son histoire, une telle vitalité, un tel ressort pour se relever d'affaissements qui paraissaient désespérés, que la jeunesse française doit avoir foi en l'avenir et travailler de toutes ses forces morales et physiques pour continuer et accroître, tant à l'intérieur qu'à l'extérieur, l'œuvre des générations passées et présentes.

www.ingramcontent.com/pod-product-compliance
Ingram Content Group UK Ltd.
Pitfield, Milton Keynes, MK11 3LW, UK
UKHW021023180726
13838UKWH00004B/1613

9 782329 353326